張子正蒙注

〔清〕王夫之 著

中华书局

图书在版编目(CIP)数据

张子正蒙注/(清)王夫之著. —北京:中华书局,1975.9(2025.8重印)
ISBN 978-7-101-06625-8

Ⅰ.张… Ⅱ.王… Ⅲ.张载(1020~1077)-哲学思想-思想评论 Ⅳ.B244.45

中国版本图书馆CIP数据核字(2009)第032397号

封面设计:周 玉
责任印制:管 斌

张子正蒙注
〔清〕王夫之 著
*
中 华 书 局 出 版 发 行
(北京市丰台区太平桥西里38号 100073)
http://www.zhbc.com.cn
E-mail:zhbc@zhbc.com.cn
三河市宏盛印务有限公司印刷
*
850×1168毫米 1/32 · 11⅛印张 · 2插页 · 206千字
1975年9月第1版 2025年8月第7次印刷
印数:60101-60900册 定价:45.00元

ISBN 978-7-101-06625-8

前言

《张子正蒙注》是王夫之的主要哲学著作之一。他通过为北宋张载的《正蒙》一书作注解的形式，继承和发展了张载的朴素唯物主义思想。

《正蒙》是张载最主要的著作。他的哲学思想的精粹，具体表现在这部著作里。朱熹曾经给这书做过注解，名《正蒙解》，虽然也表示推崇，大部分却把他的理论歪曲了。后来做注的，明朝有高攀龙、陈伯达，清朝有李光地、冉觐祖、张伯行、王植等，都不及王夫之所注的精确。王夫之的这部《张子正蒙注》，不但充分阐明作者的思想，更进一步发展了张载哲学，而且对于原著上有些观点表示不同的见解，对于字句的错误也作了不少的校正。

《张子正蒙注》曾于一九五六年九月出版，由古籍出版社据太平洋书店本排印。现在改用一八六五年金陵刊刻的《船山遗书》为底本，重新校勘标点。《正蒙》原文与明万历年间陕西凤翔府官刻本的清初翻刻本相对勘，《注》文则参照周调阳依衡阳刘氏家藏抄本及衡阳学署本所作的校勘记，作了改、补、删。金陵刻本错漏的地方或衍文，仍旧保留，用（　）小号字表示，改、补的字句，均用〔　〕表示，一律不再出校记。明显的错字则径予改正。凡与其他古籍相对勘或按上下文意义有所乙正者，在本页末出校记，说明改动原因。

中华书局编辑部

二〇〇九年三月

序论

谓之正蒙者，养蒙以圣功之正也。圣功久矣，大矣，而正之惟其始。蒙者，知之始也。孟子曰：「始条理者，智之事也。」其始不正，未有能成章而达者也。

或疑之曰：古之大学，造之以诗、书、礼、乐，迪之以三德六行，皆日用易知简能之理。而正蒙推极夫穷神、知化、达天德之蕴，则疑与大学异。子夏曰：「有始有卒者，其惟圣人乎！」今以是养蒙，恐未能猝喻而益其疑。则请释之曰：大学之教，先王所以广教天下而纳之轨物，使贤者即以之上达而中人以之寡过。先王不能望天下以皆圣，故尧、舜之仅有禹、皋陶，汤之仅有伊尹、莱朱，文王之仅有太公望、散宜生；其他则德其成人，造其小子，不强之以圣功而俟其自得，非有吝也。正蒙者，以奖大心者而使之希圣，所由不得不异也。

抑古之为士者，秀而未离乎其朴，下之无记诵词章以取爵禄之科，次之无权谋功利苟且以就功名之术；其尤正者，无狂思陋测，荡天理，蔑彝伦而自矜独悟，如老聃、浮屠之邪说，以诱聪明果毅之士而生其逸获神圣之心，则但习于人伦物理之当然，而性命之正自不言而喻。至于东周而邪慝作矣。故夫子赞易而阐形而上之道，以显诸仁而藏诸用，而孟子推生物一本之理，以极恻隐、羞恶、辞让、是非之所由生。大学之道，明德以修己，新民以治人，人道备矣，而必申之曰「止于至善」。不知止至善，则不定，不静，不安，而虑非所虑，未有能得者也。故夫子曰：「吾十有五而志于学。」所志者，知命、耳顺、不逾之矩也，知其然者，志不及之，则虽圣人未有得之于志外者也。故孟子曰：「大匠不为拙工改废绳墨，羿不为拙射变其彀率。」宜若登天而不可使逸获于企及也。特在孟子之世，杨、墨虽盈天下，而儒者犹不屑曲吾道以证其邪，故可引而不发以需其自得。而自汉、魏以降，儒者无所不淫，苟不抉其跃如之藏，则志之摇摇者，差之黍米而已背之霄壤矣，此正蒙之所由不得不异也。

宋自周子出，而始发明圣道之所由，一出于太极阴阳人道生化之终始，二程子引而伸之，而实之以静一诚敬之功，然游、谢之徒，且歧出以趋于浮屠之蹊径。故朱子以格物穷理为始教，而檠括学者于显道之中；乃其一再传而后，流为双峰、勿轩诸儒，逐迹蹑影，沈溺于训诂。故白沙起而厌弃之，然而遂启姚江王氏阳儒阴释、诬圣之邪说；其究也为刑戮之民，为阉贼之党，皆争附焉，而以充其无善无恶、圆融理事之狂妄，流害以相激而相成，则中道不立、矫枉过正有以启之也。

人之生也，君子而极乎圣，小人而极乎禽兽，然而吉凶穷达之数，于此于彼，未有定焉。不知所以生，不知所以死，则为善为恶，皆非性分之所固有，职分之所当为，下焉者何弗荡弃彝伦以遂其苟且私利之欲！其稍有耻之心而厌焉者，则见为寄生两间，去来无准，恶为赘疣，善亦弁髦，生无所从，而名义皆属沤瀑，两灭无余，以求异于逐而不返之顽鄙。乃其究也不可以终日，则又必佚出猖狂，为无缚无碍之邪说，终归于无忌惮。自非究吾之所始与其所终，神之所化，鬼之所归，效天地之正而不容不惧以终始，恶能释其惑而使信于学！故正蒙特揭阴阳之固有，屈伸之必然，以立中道，而至当百顺之大经，皆率此以成，故曰「率性之谓道」。天之外无道，气之外无神，神之外无化，死不足忧而生不可罔，一瞬一息，一宵一昼，一言一动，赫然在出王游衍之中，善吾伸者以善吾屈。然后知圣人之存神尽性，反经精义，皆性所必有之良能，而为职分之所当修，非可以见闻所及而限为有，不见不闻而疑其无，偷用其蕞然之聪明，或穷大而失居，或卑近而自蔽之可以希觊圣功也。呜呼！张子之学，上承孔、孟之志，下救来兹之失，如皎日丽天，无幽不烛，圣人复起，未有能易焉者也。

学之兴于宋也，周子得二程子而道著。程子之道广，而一时之英才辐辏于其门；张子斅学于关中，其门人未有殆庶者。而当时巨公耆儒如富、文、司马诸公，张子皆以素位隐居而末由相为羽翼，是以其道之行，曾不得与邵康节之数学相与颉颃，而世之信从者寡，故道之诚然者不著。贞邪相竞而互为畸胜，是以不百年而陆子静之异说兴，又二百年而王伯安之邪说熺，其以朱子格物、道问学之教争贞胜者，犹水之胜火，一盈一虚而莫适有定。使张子之学晓然大明，以正童蒙之志于始，则浮屠生死之狂惑，不折而自摧，陆子静、王伯安之蕞然者，亦恶能傲君子以所独知，而为浮屠作率兽食人之伥乎！

周易者，天道之显也，性之藏也，圣功之牖也，阴阳、动静、幽明、屈伸，诚有之而神行焉，礼乐之精微存焉，鬼神之化裁出焉，仁义之大用兴焉，治乱、吉凶、生死之数准焉，故夫子曰，「弥纶天下之道以崇德而广业」者也。张子之学，无非易也，即无非诗之志，书之事，礼之节，乐之和，春秋之大法也，论、孟之要归也。自朱子虑学者之骛远而忘迩，测微而遗显，其教门人也，以易为占筮之书而不使之学，盖亦矫枉之过；几令伏羲、文王、周公、孔子继天立极、扶正人心之大法，下同京房、管辂、郭璞、贾耽壬遁奇禽之小技。而张子言无非易，立天，立地，立人，反经研几，精义存神，以纲维三才，贞生而安死，则往圣之传，非张子其孰与归！

呜呼！孟子之功不在禹下，张子之功，又岂非疏洚水之歧流，引万派而归墟，使斯人去昏垫而履平康之坦道哉！是匠者之绳墨也，射者之彀率也，虽力之未逮，养之未熟，见为登天之难不可企及，而志于是则可至焉，不志于是未有能至者也，养蒙以是为圣功之所自定，而邪说之淫蛊不足以乱之矣，故曰正蒙也。

衡阳王夫之论。

宋史张子本传

张载，字子厚，长安人。少喜谈兵，至欲结客取洮西之地。年二十一，以书谒范仲淹，一见知其远器，乃警之曰：「儒者自有名教可乐，何事于兵！」因劝读中庸。载读其书，犹以为未足，又访诸释、老，累年究极其说，知无所得，反而求之六经。尝坐虎皮讲易京师，听从者甚众。一夕，二程至，与论易。次日，语人曰：「比见二程深明易道，吾所弗及，汝辈可师之！」撤坐辍讲，与二程语道学之要，涣然自信，曰：「吾道自足，何事旁求！」于是尽弃异学，淳如也。

举进士，为祁州司法参军，云岩令，政事以敦本善俗为先。每月吉日，具酒食，召乡人高年会县庭，亲为劝酬，使人知养老事长之义，因问民疾苦，及告所以训戒子弟之意。熙宁初，御史中丞吕公著言其有古学，神宗方一新百度，思得才哲士谋之，召见，问治道。对曰：「为政不法三代者，终苟道也。」帝悦，以为崇文院校书。他日，见王安石，安石问以新政。载曰：「公与人为善，则人以善归公；如教玉人琢玉，则宜有不受命者矣。」明州苗振狱起，往治之，末杀其罪。

还朝，即移疾屏居南山下。终日危坐一室，左右简编，俯而读，仰而思，有得则识之，或中夜起坐，取烛以书。其志道精思，未始须臾息，亦未尝须臾忘也。敝衣蔬食，与诸生讲学，告以知礼成性变化气质之道，学必如圣人而后已。以为知人而不知天，求为贤人而不求为圣人，此秦、汉以来学者大蔽也。故其学尊礼，贵德，乐天，安命，以易为宗，以中庸为体，以孔、孟为法，黜怪妄，辨鬼神。其家昏丧葬祭，率用先王之意而傅以今礼。又论定井田、宅里、发敛、学校之法，皆欲条理成书，使可举而措诸事业。

吕大防荐之，曰：「载之始终，善发明圣人之遗旨；其论政治略可复古；宜还其旧职以备谘访。」乃诏知太常礼院。与有司议礼，不合，复以疾归。中道疾甚，沐浴更衣而寝，旦而卒。贫无以敛，门人共买棺奉其丧还。翰林学士许将等言其恬于进取，乞加赠卹，诏赐馆职半赙。

载学古力行，为关中士人宗师，世称为横渠先生。著书号正蒙，又作西铭。（铭载乾称篇首）程颐尝言：「西铭明理一而分殊，扩前圣所未发，与孟子性善养气之论同功，自孟子后盖未之见。」学者至今尊其书。嘉定十三年，赐谥曰明公，淳祐元年，封郿伯，从祀孔子庙庭。

目录

张子正蒙注卷一

衡阳王夫之撰

太和篇

此篇首明道之所自出，物之所自生，性之所自受，而作圣之功，下学之事，必达于此，而后不为异端所惑，盖即太极图说之旨而发其所函之蕴也。

太和所谓道，

太和，和之至也。道者，天地人物之通理，即所谓太极也。阴阳异撰，而其絪緼于太虚之中，合同而不相悖害，浑沦无间，和之至矣。未有形器之先，本无不和，既有形器之后，其和不失，故曰太和。

中涵浮沈、升降、动静相感之性，是生絪緼、相荡、胜负、屈伸之始。

涵，如水中涵影之象；中涵者其体，是生者其用也。轻者浮，重者沈，亲上者升，亲下者降，动而趋行者动，动而赴止者静，皆阴阳和合之气所必有之几，而成乎情之固然，犹人之有性也。絪緼，太和未分之本然；相荡，其必然之理势。胜负，因其分数之多寡，乘乎时位，一盈一虚也。胜则伸，负则屈；胜负屈伸，衰王死生之成象，其始则动之几也。此言天地人物消长死生自然之数，皆太和必有之几。

其来也几微易简，其究也广大坚固。

来，谓始动而化之初；究，谓已成形体也。几微，气之初动；易简者，唯阳健阴顺而已。广大，品物流形；坚固，体成而不易毁也。乾、坤有体则必生用，用而还成其体。体静而用动，故曰「静极而动，动极而静」，动静无端。

起知于易者乾乎！效法于简者坤乎！

太和本然之体，未有知也，未有能也，易简而已。而其所涵之性，有健有顺，故知于此起，法于此效，而大用行矣。

散殊而可象为气，清通而不可象为神。

太和之中，有气有神。神者非他，二气清通之理也。不可象者，即在象中。阴与阳和，气与神和，是谓太和。人生而物感交，气逐于物，役气而遗神，神为使而迷其健顺之性，非其生之本然也。

不如野马絪緼，不足谓之太和。

敔按：野马者，天之神；絪緼者，天之气。

此言体道者不于物感未交、喜怒哀乐未倚之中，合气于神，合神于性，以健顺五常之理融会于清通，生其变化，而有滞有息，则不足以肖太和之本体，而用亦不足以行矣。敔按：清通者，心之神；变化者，心之化。

语道者知此，谓之知道；学易者见此，谓之见易。

见，实证之于心也。易曰：「阴阳相摩，八卦相荡，鼓之以雷霆，润之以风雨，日月运行，一寒一暑，乾道成男，坤道成女。」此之谓也。健顺合而太和，其几必动，气以成形，神以居理，性固具足于神气之中，天地之生人物，人之肖德于天地者，唯此而已矣。

不如此，虽周公才美，其智不足称也已。

待其已感、因事而效能者，才也；智则灼见道体，而知无不起，法无不效矣。敔按：知道见易，始谓之智；智不足而恃才，虽美如周公，亦不足称。

太虚无形，气之本体；

于太虚之中具有而未成乎形，气自足也，聚散变化，而其本体不为之损益。敔按：理具阴阳，阴阳具理，理气浑然，是为本体。

其聚其散，变化之客形尔。

日月之发敛，四时之推迁，百物之生死，与风雨露雷乘时而兴，乘时而息，一也，皆客形也。有去有来谓之客。发敛，谓日月出入之道。

至静无感，性之渊源；

于物感未交，至静之中，健顺之性承于天者，固有不失，有本而不穷。

有识有知，物交之客感尔。

识知者，五常之性所与天下相通而起用者也。知其物乃知其名，知其名乃知其义，不与物交，则心具此理，而名不能言，事不能成。赤子之无知，精未彻也，愚蒙之无知，物不审也。自外至曰客。

客感客形与无感无形，唯尽性者一之。

静而万理皆备，心无不正，动而本体不失，意无不诚，尽性者也。性尽，则生死屈伸一贞乎道，而不挠太虚之本体，动静语默一贞乎仁，而不丧健顺之良能，不以客形之来去易其心，不以客感之贞淫易其志，所谓「夭寿不贰，修身以俟之」，「不显亦临，无射亦保」也。盖其生也异于禽兽之生，则其死也异于禽兽之死，全健顺太和之理以还造化，存顺而没亦宁。其静也异于下愚之静，则其动也异于下愚之动，充五常百顺之实以宰百为，志继而事亦述矣。无他，人之生死、动静有间，而太和之絪緼本无间也。

此上二章，兼动静、生死而言。动静之几，尽性之事，死生之故，立命之事，而一动一静，一屈一伸，理所必有而通于一，则一也。

天地之气，虽聚散、攻取百涂，然其为理也顺而不妄。

聚则见有，散则疑无，既聚而成形象，则才质性情各依其类。同者取之，异者攻之，故庶物繁兴，各成品汇，乃其品汇之成各有条理，故露雷霜雪各以其时，动植飞潜各以其族，必无长夏霜雪、严冬露雷、人禽草木互相淆杂之理。故善气恒于善，恶气恒于恶，治气恒于治，乱气恒于乱，屈伸往来顺其故而不妄。不妄者，气之清通，天之诚也。

气之为物，散入无形，适得吾体；聚为有象，不失吾常。

散而归于太虚，复其絪緼之本体，非消灭也。聚而为庶物之生，自絪緼之常性，非幻成也。聚而不失其常，故有生之后，虽气禀物欲相窒相梏，而克自修治，即可复健顺之性。散而仍得吾体，故有生之善恶治乱，至形亡之后，清浊犹依其类。

太虚不能无气，气不能不聚而为万物，万物不能不散而为太虚。循是出入，是皆不得已而然也。

气之聚散，物之死生，出而来，入而往，皆理势之自然，不能已止者也。不可据之以为常，不可挥之而使散，不可挽之而使留，是以君子安生安死，于气之屈伸无所施其作为，俟命而已矣。

然则圣人尽道其间，兼体而不累者，存神其至矣。

气无可容吾作为，圣人所存者神尔。兼体，谓存顺没宁也。神清通而不可象，而健顺五常之理以顺，天地之经以贯，万事之治以达，万物之志皆其所涵。存者，不为物欲所迁，而学以聚之，问以辨之，宽以居之，仁以守之，使与太和絪緼之本体相合无间，则生以尽人道而无歉，死以返太虚而无累，全而生之，全而归之，斯圣人之至德矣。

彼语寂灭者，往而不返；

释氏以灭尽无余为大涅槃。

徇生执有者，物而不化；

物，滞于物也。魏伯阳、张平叔之流，钳魂守魄，谓可长生。

二者虽有间矣，

徇生执有者尤拂经而为必不可成之事。

以言乎失道则均焉。

皆不知气之未尝有有无而神之通于太和也。

此章乃一篇之大指，贞生死以尽人道，乃张子之绝学，发前圣之蕴，以辟佛、老而正人心者也。朱子以其言既聚而散，散而复聚，讥其为大轮回。而愚以为朱子之说反近于释氏灭尽之言，而与圣人之言异。孔子曰：「未知生，焉知死。」则生之散而为死，死之可复聚为生，其理一辙，明矣。易曰：「精气为物，游魂为变。」游魂者，魂之散而游于虚也，为变，则还以生变化，明矣。又曰：「屈伸相感而利生焉。」伸之感而屈，生而死也；屈之感而伸，非既屈者因感而可复伸乎！又曰：「形而上者谓之道，形而下者谓之器。」形而上，即所谓清通而不可象者也。器有成毁，而不可象者寓于器以起用，未尝成，亦不可毁，器敝而道未尝息也。以天运物象言之，春夏为生，为来，为伸，秋冬为杀，为往，为屈，而秋冬生气潜藏于地中，枝叶槁而根本固荣，则非秋冬之一消灭而更无余也。车薪之火，一烈已尽，而为焰，为烟，为烬，木者仍归木，水者仍归水，土者仍归土，特希微而人不见尔。一甑之炊，湿热之气，蓬蓬勃勃，必有所归；若盦盖严密，则鬱而不散。汞见火则飞，不知何往，而究归于地。有形者且然，况其絪缊不可象者乎！未尝有辛勤岁月之积，一旦悉化为乌有，明矣。故曰往来，曰屈伸，曰聚散，曰幽明，而不曰生灭。生灭者，释氏之陋说也。倘如散尽无余之说，则此太极浑沦之内，何处为其翕受消归之府乎？又云造化日新而不用其故，则此太虚之内，亦何从得此无尽之储，以终古趋于灭而不匮邪？且以人事言之，君子修身俟命，所以事天；全而生之，全而归之，所以事亲。使一死而消散无余，则谚所谓伯夷、盗跖同归一丘者，又何恤而不逞志纵欲，不亡以待尽乎！惟存神以尽性，则与太虚通为一体，生不失其常，死可适得其体，而妖孽、灾眚、姦回、浊乱之气不留滞于两间，斯尧、舜、周、孔之所以万年，而诗云「文王在上，于昭于天」，为圣人与天合德之极致。圣贤大公至正之道异于异端之邪说者以此，则谓张子之言非明睿所炤者，愚不敢知也。

聚亦吾体，散亦吾体，知死之不亡者，可与言性矣。

聚而成形，散而归于太虚，气犹是气也。神者，气之灵，不离乎气而相与为体，则神犹是神也，聚而可见，散而不可见尔，其体岂有不顺而妄者乎！故尧、舜之神，桀、纣之气，存于絪緼之中，至今而不易。然桀、纣之所暴者，气也，养之可使醇，持之可使正，澂之可使清也；其始得于天者，健顺之良能未尝损也，存乎其人而已矣。

知虚空即气，则有无隐显，神化性命，通一无二，顾聚散、出入、形不形，能推本所从来，则深于易者也。

虚空者，气之量；气弥沦无涯而希微不形，则人见虚空而不见气。凡虚空皆气也，聚则显，显则人谓之有，散则隐，隐则人谓之无。神化者，气之聚散不测之妙，然而有迹可见；性命者，气之健顺有常之理，主持神化而寓于神化之中，无迹可见。若其实，则理在气中，气无非理，气在空中，空无非气，通一而无二者也。其聚而出为人物则形，散而入于太虚则不形，抑必有所从来。盖阴阳者气之二体，动静者气之二几，体同而用异则相感而动，动而成象则静，动静之几，聚散、出入、形不形之从来也。易之为道，乾、坤而已，乾六阳以成健，坤六阴以成顺，而阴阳相摩，则生六子以生五十六卦，皆动之不容已者，或聚或散，或出或入，错综变化，要以动静夫阴阳。而阴阳一太极之实体，唯其富有充满于虚空，故变化日新，而六十四卦之吉凶大业生焉。阴阳之消长隐见不可测，而天地人物屈伸往来之故尽于此。知此者，尽易之蕴矣。

若谓虚能生气，则虚无穷，气有限，体用殊绝，入老氏有生于无自然之论，不识所谓有无混一之常。

老氏以天地如橐籥，动而生风，是虚能于无生有，变幻无穷；而气不鼓动则无，是有限矣，然则孰鼓其橐籥令生气乎？有无混一者，可见谓之有，不可见遂谓之无，其实动静有时而阴阳常在，有无无异也。误解太极图者，谓太极本未有阴阳，因动而始生阳，静而始生阴。不知动静所生之阴阳，为寒暑、润燥、男女之情质，乃固有之蕴，其絪縕充满在动静之先。动静者即此阴阳之动静，动则阴变于阳，静则阳凝于阴，一震、巽、坎、离、艮、兑之生于乾、坤也；非动而后有阳，静而后有阴，本无二气，由动静而生，如老氏之说也。

若谓万象为太虚中所见（贤遍反）之物，则物与虚不相资，形自形，性自性，形性、天人不相待而有，陷于浮屠以山河大地为见病之说。

浮屠谓眞空常寂之圆成实性，止一光明藏，而地水火风根尘等皆由妄现，知见妄立，执为实相。若谓太极本无阴阳，乃动静所显之影象，则性本清空，禀于太极，形有消长，生于变化，性中增形，形外有性，人不资气而生而于气外求理，则形为妄而性为眞，陷于其邪说矣。

此道不明，正由懵者略知体虚空为性，

差愈于告子「食色性也」、荀子性恶之论尔。

不知本天道为用，

天即道为用，以生万物。诚者，天之道也，阴阳有实之谓诚。

反以人见之小因缘天地。

但见来无所从，去无所归，遂谓性本眞空，天地皆缘幻立，事物伦理一从意见横生，不睹不闻之中别无理气。近世王氏之说本此，唯其见之小也。

明有不尽，则诬世界乾坤为幻化。幽明不能举其要，遂躐等妄意而然。

未能穷理知性而言天人之际，是谓躐等。

不悟一阴一阳，范围天地，通乎昼夜，三极大中之矩。

阴阳二气充满太虚，此外更无他物，亦无间隙，天之象，地之形，皆其所范围也。散入无形而适得气之体，聚为有形而不失气之常，通乎死生犹昼夜也。昼夜者，岂阴阳之或有或无哉！日出而人能见物，则谓之昼，日入而人不见物，则谓之夜；阴阳之运行，则通一无二也。在天而天以为象，在地而地以为形，在人而人以为性，性在气中，屈伸通于一，而裁成变化存焉，此不可逾之中道也。

遂使儒、佛、老、庄混然一途，语天道性命者，不罔于恍惚梦幻，则(是)〔定〕以有生于无，为穷高极微之论。

入德之途，不知择术而求，多见其蔽于诐而陷于淫矣。

陷于佛者，如李翱、张九成之流，而富郑公、赵清献虽贤而不免；若陆子静及近世王伯安，则屈圣人之言以附会之，说愈淫矣。陷于老者，如王弼注易及何晏、夏侯湛辈皆其流也；若王安石、吕惠卿及近世王畿、李贽之属，则又合佛、老以溷圣道，尤其淫而无纪者也。

气块然太虚，

块然，犹言滃然，充满盛动貌。遍太虚中皆气也。

升降飞扬，未尝止息，易所谓「絪緼」，庄生所谓「生物以息相吹」、「野马」者与！

升降飞扬，乃二气和合之动几，虽阴阳未形，而已全具殊质矣。「生物以息相吹」之说非也，此乃太虚之流动洋溢，非仅生物之息也。引此者，言庄生所疑为生物之息者此也。

此虚实、动静之机，阴阳、刚柔之始。

虚者，太虚之量；实者，气之充周也。升降飞扬而无间隙，则有动者以流行，则有静者以凝止。于是而静者以阴为性，虽阳之静亦阴也；动者以阳为性，虽阴之动亦阳也。阴阳分象而刚柔分形，刚者阳之质，而刚中非无阴；柔者阴之质，而柔中非无阳。就象而言之，分阴分阳；就形而言之，分柔分刚；就性而言之，分仁分义；分言之则辨其异，合体之则会其通，故张子统言阴阳刚柔以概之。机者，飞扬升降不容已之几；始者，形象之所由生也。

浮而上者阳之清，降而下者阴之浊。

天地之法象，人之血气表里、耳目手足，以至鱼鸟飞潜，草木华实，虽阴阳不相离，而抑各成乎阴阳之体。就其昭明流动者谓之清，就其凝滞坚强者谓之浊；阳之清，引阴以偕升，阴之浊，挟阳以俱降，其神之清通者，则贯彻乎其中而未有碍也。

其感遇聚散，为风雨，为雪霜，万品之流形，山川之融结，糟粕煨烬，无非教也。

感者，交相感；阴感于阳而形乃成，阳感于阴而象乃著。遇者，类相遇；阴与阴遇，形乃滋，阳与阳遇，象乃明。感遇则聚，聚已必散，皆升降飞扬自然之理势。风雨、雪霜、山川、人物，象之显藏，形之成毁，屡迁而已结者，虽迟久而必归其原，条理不迷，诚信不爽，理在其中矣。教者，朱子所谓「示人以理」是也。

气聚，则离明得施而有形，

离明，在天为日，在人为目，光之所丽以著其形。有形则人得而见之，明也。

不聚，则离明不得施而无形。

无形则人不得而见之，幽也。无形，非无形也，人之目力穷于微，遂见为无也。心量穷于大，耳目之力穷于小。

方其聚也，安得不谓之客；方其散也，安得遽谓之无。

聚而明得施，人遂谓之有；散而明不可施，人遂谓之无。不知聚者暂聚，客也，非必为常存之主；散者，返于虚也，非无固有之实；人以见不见而言之，是以滞尔。

故圣人仰观俯察，但云知幽明之故，不云知有无之故。

明则谓有，幽则谓无，众人之陋尔；圣人不然。

盈天地之间者，法象而已。

示人以可见者，此而已矣。

文理之察，非离不相睹也。

法象中之文理，唯目能察之，而所察者止于此；因而穷之，知其动静之机，阴阳之始，屈伸聚散之通，非心思不著。

方其形也，有以知幽之因；方其不形也，有以知明之故。

尽心思以穷神知化，则方其可见而知其必有所归往，则明之中具幽之理；方其不可见而知其必且相感以聚，则幽之中具明之理；此圣人所以知幽明之故而不言有无也。言有无者，徇目而已；不斥言目而言离者，目其静之形，敔按：成形则静。离其动之用也。敔按：藏用于动。盖天下恶有所谓无者哉！于物或未有，于事非无；于事或未有，于理非无；寻求而不得，怠惰而不求，则曰无而已矣。甚矣言无之陋也！敔按：此即前章形不形之所从来也。

气之聚散于太虚，犹冰凝释于水，知太虚即气则无无。

人之所见为太虚者，气也，非虚也。虚涵气，气充虚，无有所谓无者。敔按：先子和陈白沙六经总在虚无里诗云：「六经总在虚无里，方信虚无不是无。」

故圣人语性与天道之极，尽于参伍之神变易而已。

性天之旨尽于易，易卦阴阳互相参伍，随时变易，而天人之蕴，幽明之故，吉凶大业之至赜备矣。乾有六阳，坤有六阴，而其交也，至屯、蒙而二阳参四阴，至需、讼而二阴参四阳，非阴阳之有缺也。屯、蒙之二阳丽于明，四阳处于幽，需、讼之二阴处于明，四阴处于幽；其形而见者为屯、蒙，其隐而未见者为鼎、革；形而见者为需、讼，隐而未见者为晋、明夷（余仿此）：变易而各乘其时，居其位，成其法象，非所见者有，所不见者无也。故曰「乾、坤其易之蕴邪」，言易藏畜阴阳，具足充满，以因时而成六十二象。惟其富有，是以日新，有幽明而无有无，明矣。

诸子浅妄，有有无之分，非穷理之学也。

浅则据离明所得施为有，不得施为无，徇目而心不通；妄则诬有为无，庄、列、淮南之流以之；而近世以无善无恶为良知者，亦惟其浅而成乎妄也。

太虚为清，清则无碍，无碍故神；反清为浊，浊则碍，碍则形。

气之未聚于太虚，希微而不可见，故清；清则有形有象者皆可入于中，而抑可入于形象之中，不行而至神也。反者，屈伸聚散相对之谓，气聚于太虚之中则重而浊，物不能入，不能入物，拘碍于一而不相通，形之凝滞然也。其在于人，太虚者，心涵神也；浊而碍者，耳目口体之各成其形也。碍而不能相通，故嗜欲止于其所便利，而人己不相为谋；官骸不相易，而目不取声，耳不取色；物我不相知，则利其所利，私其所私；聪明不相及，则执其所见，疑其所罔。圣人知气之聚散无恒而神通于一，故存神以尽性，复健顺之本体，同于太虚，知周万物而仁覆天下矣。

凡气，清则通，昏则壅，

天有光风霁月、曀阴霾雾之异，人有高明广大、庸沓鄙陋之殊，其理一也。

清极则神。

不为形碍，则有形者昭明宁静以听心之用而清极矣。神则合物我于一原，达死生于一致，絪緼合德，死而不亡。

故聚而有间（如字），**则风行而声闻具达，清之验与！**

间，形中之虚也。心之神居形之间，惟存养其清通而不为物欲所塞，则物我死生，旷然达一，形不能碍，如风之有牖即入，笙管之音具达矣。

不行而至，通之极与！

神，故不行而至。至清而通，神之效也。盖耳目止于闻见，唯心之神彻于六合，周于百世。所存在此，则犹旷窅之墟，空洞之籁，无所碍而风行声达矣。此二章言存神为圣功之极致。

由太虚，有天之名；由气化，有道之名；合虚与气，有性之名；合性与知觉，有心之名。

名者，言道者分析而名；言之各有所指，故一理而多为之名，其实一也。太虚即气，絪緼之本体，阴阳合于太和，虽其实气也，而未可名之为气；其升降飞扬，莫之为而为万物之资始者，于此言之则谓之天。气化者，气之化也。阴阳具于太虚絪緼之中，其一阴一阳，或动或静，相与摩荡，乘其时位以著其功能，五行万物之融结流止、飞潜动植，各自成其条理而不妄，则物有物之道，鬼神有鬼神之道，而知之必明，处之必当，皆循此以为当然之则，于此言之则谓之道。此二句兼人物言之；下言性心，则专言人矣。太虚者，阴阳之藏，健顺之德存焉；气化者，一阴一阳，动静之几，品汇之节具焉。秉太虚和气健顺相涵之实，而合五行之秀以成乎人之秉彝，此人之所以有性也。原于天而顺乎道，凝于形气，而五常百行之理无不可知，无不可能，于此言之则谓之性。人之有性，函之于心而感物以通，象著而数陈，名立而义起，习其故而心喻之，形也，神也，物也，三相遇而知觉乃发。故由性生知，以知知性，交涵于聚而有间之中，统于一心，由此言之则谓之心。顺而言之，则惟天有道，以道成性，性发知道；逆而推之，则以心尽性，以性合道，以道事天。惟其理本一原，故人心即天；而尽心知性，则存顺没宁，死而全归于太虚之本体，不以客感杂滞遗造化以疵纇，圣学所以天人合一，而非异端之所可溷也。

鬼神者，二气之良能也。

阴阳相感聚而生人物者为神；合于人物之身，用久则神随形敝，敝而不足以存，复散而合于絪縕者为鬼。神自幽而之明，成乎人之能，而固与天相通；鬼自明而返乎幽，然历乎人之能，抑可与人相感。就其一幽一明者言之，则神阳也，鬼阴也，而神者阳伸而阴亦随伸，鬼者阴屈而阳先屈，故皆为二气之良能。良能者，无心之感合，成其往来之妙者也。凡阴阳之分，不可执一言者，类如此；学者因所指而详察，乃无拘滞之失。若谓死则消散无有，则是有神而无鬼，与圣人所言「鬼神之德盛」者异矣。

圣者，至诚得天之谓；神者，太虚妙应之目。

至诚体太虚至和之实理，与絪縕未分之道通一不二，是得天之所以为天也。其所存之神，不行而至，与太虚妙应以生人物之良能一矣。如此则生而不失吾常，死而适得吾体，迹有屈伸，而神无损益也。

凡天地法象，皆神化之糟粕尔。

日月、雷风、水火、山泽固神化之所为，而亦气聚之客形，或久或暂，皆已用之余也，而况人之耳目官骸乎！故形有屈伸，而神无幽明之异。语寂灭者不知不亡之良能，执有徇生者据糟粕为常，其迷均矣。

天道不穷，寒暑也；众动不穷，屈伸也。

寒已而暑，暑已而寒，循环而如相反，四时之行，生杀之用，尽此矣：盖二气之嘘吸也。屈者屈其所伸，伸者伸其所屈，群动之变，不能离此二用，动静、语默、喜怒、行藏之变，尽此矣：盖二气之舒敛也。

鬼神之实，不越二端而已矣。

一嘘一吸，一舒一敛，升降离合于太虚之中，乃阴阳必有之几。则鬼神者，天之所显而即人之藏也。静以成形，鬼之属也，而可以迎神而来；动而成用，神之属也，而将成乎鬼以往。屈伸因乎时，而尽性以存神，则天命立于在我，与鬼神合其吉凶矣。

两不立则一不可见，

阴阳未分，二气合一，絪緼太和之眞体，非目力所及，不可得而见也。

一不可见则两之用息。

其合一而为太和者，当其未成乎法象，阴阳之用固息也。

两体者，虚实也，动静也，聚散也，清浊也，其究一而已。

虚必成实，实中有虚，一也。而来则实于此，虚于彼，往则虚于此，实于彼，其体分矣。止而行之，动动也；行而止之，静亦动也；一也。而动有动之用，静有静之质，其体分矣。聚者聚所散，散者散所聚，一也。而聚则显，散则微，其体分矣。清以为浊，浊固有清，一也。而清者通，浊者碍，其体分矣。使无一虚一实，一动一静，一聚一散，一清一浊，则可疑太虚之本無有，而何者为一。惟两端迭用，遂成对立之象，于是可知所动所静，所聚所散，为虚为实，为清为浊，皆取给于太和絪緼之实体。一之体立，故两之用行；如水唯一体，则寒可为冰，热可为汤，于冰汤之异，足知水之常体。

感而后有通；不有两，则无一。

阴阳合于太和，而性情不能不异；惟异生感，故交相訢合於既感之后，而法象以著。借令本无阴阳两体虚实清浊之实，则无所容其感通，而谓未感之先初无太和，亦可矣；今既两体各立，则溯其所从来，太和之有一实，显矣。非有一，则无两也。

故圣人以刚柔立本，乾、坤毁则无以见易。

圣人之存神，本合乎至一之太虚，而立教之本，必因阴阳已分、刚柔成象之体，盖以由两而见一也。乾之六阳，坤之六阴，健顺之德具足于法象，故相摩相荡，成六十二卦之变易，以尽天下之亹亹。若阴阳不纯备乎乾、坤，则六十二象之往来者何所从生邪，其何以见易乎？圣人成天下之盛德大业于感通之后，而以合絪縕一气和合之体，修人事即以肖天德，知生即以知死，存神即以养气，惟于二气之实，兼体而以时用之尔。

游气纷扰，合而成质者，生人物之(散)〔万〕殊；

游气，气之游行也，即所谓升降飞扬。纷扰者，无心之化，无择于施，阴阳老少互相遇而无一成之轨，乾、坤立而六子、五十六象多寡消长之无典要，成天下之至赜，乃其象矣。合者，阴阳之始本一也，而因动静分而为两，迨其成又合阴阳于一也。如男阳也而非无阴，女阴也而亦非无阳，敔按：如气血魂魄之属，男女毕具，是阳必具阴，阴必具阳也。以至于草木鱼鸟，无孤阳之物，亦无孤阴之物，唯深于格物者知之。时位相得，则为人，为上知；不相得，则为禽兽，为下愚；要其受气之游，合两端于一体，则无有不兼体者也。

其阴阳两端，循环不已者，立天地之大义。

义者，居正有常而不易之谓。阴阳不偏，循环不息，守正以待感，物得其宜，为经常不易之道，此仁义中正之理所从出。曰诚，曰无妄，曰不息，曰敦化，皆谓此也。然则万殊之生，因乎二气，二气之合，行乎万殊，天地生生之神化，圣人应感之大经，概可知矣。

「日月相推而明生，寒暑相推而岁成。」

易系传文。

神易无方体，

易系传云：「神无方而易无体。」无方者，无方而非其方，无体者，无体而非其体，屈伸不异明矣。

一阴一阳，

系传云：「一阴一阳之谓道。」一一者，参伍相杂合而有辨也。卦或五阳一阴，或五阴一阳，乃至纯乾纯坤，而阴阳并建以为易之蕴，亦一阴一阳也，则阴阳之不以屈伸而息亦明矣。

阴阳不测，

系传云：「阴阳不测之谓神。」不测者，乘时因变，初无定体，非「幽明异致，阴阳分界」如邵子「四方八段」之说，亦非「死此生彼，各有分段」如浮屠之言明矣。

皆所谓通乎昼夜之道也。

昼夜者，非天之有异，乃日月出没，而人之离明有得施不得施之别尔。日月寒暑之两行，一阴一阳之殊建，人以睹其明，定其岁，而谓之为方体；实则无方无体，阴阳不测，合同于絪缊而任其变化，乃神易阴阳之固然也。昼夜分两端，而天之运行一；生死分两端，而神之恒存一；气有屈伸，神无生灭，通乎其道，两立而一见，存顺没宁之道在矣。

昼夜者，天之一息乎！寒暑者，天之昼夜乎！

气之屈伸往来，一也。

天道春秋分而气易，犹人一寤寐而魂交。

寤则魂交于明，寐则魂交于幽，神固未尝亡也。

魂交成梦，百(道)〔感〕纷纭，对寤而言，一身之昼夜也；气交为春，万物糅错，对秋而言，天之昼夜也。

魂交者，专指寐而言。身内为幽，身外为明；生物者客形尔，暂而不常，还原而忘其故，故如梦。秋冬敛物之精，适得太虚絪緼之体，故如寐之返于真也。昼为生，夜为死，气通乎昼夜者，合寤寐而如一，故君子无不正之梦而与寤通理。

此篇之旨，以存神而全归其所从生之本体，故以秋配昼寤，以春配夜梦。而下章推物欲之所自出，唯不能通夜于昼，而任魂交之纷纭，故有发无敛，流于浊而丧其清，皆随气迁流，神不存而成贞淫交感之势也。

旧与下通一章，今按文义分为二章。

气本之虚则湛（本）〔一〕〔一〕无形，感而生则聚而有象。

湛，澂澈而静（正）〔止〕〔二〕也。感而生，游气交感而人资以生也。言太和絪緼为太虚，以有体无形为性，可以资广生大生而无所倚，道之本体也。二气之动，交感而生，凝滞而成物我之万象，虽即太和不容已之大用，而与本体之虚湛异矣。

〔一〕「本」字涉上文而误，依诚明篇「湛一气之本」句改「一」。

〔二〕「止」字依文义改。

有象斯有对，对必反其为；有反斯有仇，仇必和而解。

以气化言之，阴阳各成其象，则相为对，刚柔、寒温、生杀，必相反而相为仇；乃其究也，互以相成，无终相敌之理，而解散仍返于太虚。以在人之性情言之，已成形则与物为对，而利于物者损于己，利于己者损于物，必相反而仇；然终不能不取物以自益也，和而解矣。气化性情，其机一也。

故爱恶之情同出于太虚，而卒归于物欲，

相反相仇则恶，和而解则爱。阴阳异用，恶不容已；阴得阳，阳得阴，乃遂其化，爱不容已；太虚一实之气所必有之几也，而感于物乃发为欲，情之所自生也。

倏而生，忽而成，不容有毫发之间，其神矣夫！

爱恶之情无端而不暂息者，即太虚之气一动一静之几；物无不交，则情无不起，盖亦不疾而速，不行而至也。存神以合湛，则爱恶无非天理矣。

造化所成，无一物相肖者，

大同必有小异。

以是知万物虽多，其实一物；无无阴阳者，

若使但依种性而成，则区别而各相肖；唯聚而成，散而毁，既毁而复聚，一唯阴阳之变合，故物无定情，无定状，相同而必有异。足知阴阳行乎万物之中，乘时以各效，全具一絪緼之体而特微尔。

以是知天地变化，二端而已。

一气之中，二端既肇，摩之荡之而变化无穷，是以君子体之，仁义立而百王不同法，千圣不同功。

万物形色，神之糟粕；

生而荣，如糟粕之含酒醴；死而槁，如酒醴尽而糟粕存；其究糟粕亦有所归，归于神化。

「性与天道」云者，易而已矣。

神之有其理，在天为道，凝于人为性。易，变易也。阴阳摩荡，八卦兴，六十四象成，各有时位错综，而阴阳、刚柔、仁义之体立，皆神之变易也。互相易而万物各成其形色，变易之妙，健顺五常之用为之，故圣人存神以尽性而合天。敞按：神无方，易即其方；易无体，神即其体。

心所以万殊者，感外物为不一也；

心函絪緼之全体而特微尔，其虚灵本一。而情识意见成乎万殊者，物之相感，有同异，有攻取，时位异而知觉殊，亦犹万物为阴阳之偶聚而不相肖也。

天大无外，其为感者，絪緼二端而已。

絪緼之中，阴阳具足，而变易以出，万物并育于其中，不相肖而各成形色，随感而出，无能越此二端。人心万殊，操纵、取舍、爱恶、慈忍，一唯此阴阳之翕辟，顺其理则为圣，从其妄则为狂，圣狂之分，在心几变易之间，非形色之有善恶也。

物之所以相感者，利用出入，莫知其乡，一万物之妙者与！ 敔按：此节言天人合一之原，故下文以「天与人交胜」发明其感通。

此言圣人存神之妙，物无不相感应之理。其出而加乎物，物入而应乎己，用无不利，有不知其所以然而然之妙。盖由万物之生成，俱神为之变易，而各含絪緼太和之一气，是以圣狂异趣，灵蠢异情，而感之自通，有不测之化焉。万物之妙，神也；其形色，糟粕也；糟粕异而神用同，感之以神而神应矣。

气与志，天与人，有交胜之理。

气者，天化之撰；志者，人心之主；胜者，相为有功之谓。唯天生人，天为功于人而人从天治也。人能存神尽性以保合太和，而使二气之得其理，人为功于天而气因志治也。不然，天生万殊，质偏而性隐，而因任糟粕之嗜恶攻取以交相竞，则浊恶之气日充塞于两间，聚散相仍，灾眚凶顽之所由弥长也。

圣人在上而下民咨，气壹之动志也；凤凰仪，志壹之动气也。

尧、舜在上而下民有昏垫之咨，其时气偶不顺，于是圣人忧勤以相天之不足，气专于偏戾，而圣人之志在胜天，不容不动也。地平天成，凤凰来仪，则圣人胜天之功用成，而天为之动矣。人物之生，皆絪緼一气之伸聚，虽圣人不能有所损益于太和；而二气既分，吉凶、善不善以时位而不齐，圣人贞其大常，存神以御气，则为功于变化屈伸之际，物无不感而天亦不能违之，此圣道之所自立，而异于异端之徇有以私一己，灭有以忘天下之詖辞也。敔按：此言气动志，志动气，犹言天胜人，人胜天也。今孟子大全集以此释本文，失其旨矣。

参两篇

此篇备言天地日月五行之理数，理本于一而通极于万变，以因象数而见理之一原。但所言日月疾迟与历家之言异，太祖高皇帝尝讥其非。天象高远，不能定其孰是，而以二曜南北发敛迟疾例之，则阳疾阴迟之说未可执据。愚谓在天者即为理，不可执理以限天。正蒙一书，唯此为可疑，善读者存之以待论可也。

地所以两，分刚柔男女而效之，法也；天所以参，一太极两仪而象之，性也。

天一地二，阳之爻函三为一而奇，阴之爻得三之二而偶，偶则分，奇则合。在天者浑沦一气，凝结为地，则阴阳分矣。植物有刚柔之殊，动物有男女之别。效者，效著以成形也。法者，物形之定则。凡山川、金石、草木、禽虫以至于人，成乎形者皆地之效而物之法则立焉，两者之分不可强而合矣。若其在天而未成乎形者，但有其象，絪緼浑合，太极之本体，中函阴阳自然必有之实，则于太极之中，不昧阴阳之象而阴阳未判，固即太极之象，合而言之则一，拟而议之则三，象之固然也。性以理言，有其象必有其理，惟其具太和之诚，故太极有两仪，两仪合而为太极，而分阴分阳，生万物之形，皆秉此以为性。象者未聚而清，形者已聚而浊，清者为性为神，浊者为形为法。

此章引伸周易参天两地之说，而推其所以然之理。而君子因有形之耳目(官)〔百〕骸，即物而尽其当然之则，进退、舒卷各有定经，体无形有象之性，以达天而存其清虚一大之神，故存心养性，保合太和，则参两相倚以起化，而道在其中矣。

一物两体，气也。

絪緼太和，合于一气，而阴阳之体具于中矣。

一故神，张子自注：两在故不测。

神者，不可测也，不滞则虚，善变则灵，太和之气，于阴而在，于阳而在。其于人也，含于虚而行于耳目口体肤发之中，皆触之而灵，不能测其所在。

两故化，张子自注：推行于一。

自太和一气而推之，阴阳之化自此而分，阴中有阳，阳中有阴，原本于太极之一，非阴阳判离，各自孳生其类。故独阴不成，孤阳不生，既生既成，而阴阳又各殊体。其在于人，刚柔相济，义利相裁，道器相需，以成酬酢万变之理，而皆协于一。

此天之所以参也。

自其神而言之则一，自其化而言之则两。神中有化，化不离乎神，则天一而已，而可谓之参。故阳爻奇，一合三于一；阴〔爻〕偶，一分一得二；阳爻具阴，阴爻不能尽有阳也，分则与太极不离而离矣。

地纯阴凝聚于中，天浮阳运旋于外，此天地之常体也。

此言天者，天之体也。聚而成形者谓之阴，动而有象者谓之阳。天包地外，地在天中，浑天之说如此。

恒星不动，纯系乎天，与浮阳运旋而不穷者也。

恒星，三垣二十八宿之经星。此言不动，谓其左旋者天体也。然以北斗回指言之，抑未可通。

日月五星逆天而行，并包乎地者也。

并包乎地，言居地之外，与地为体而同转。以经星属天，以七政属地，乃张子之创说。

地在气中，虽顺天左旋，其所系辰象随之，稍迟则反移徙而右尔；间有缓速不齐者，七政之性殊也。

所系辰象，谓日月五星也。七政随天左旋，以迟而见为右转，张子尽破历家之说，未问孰是，而谓地亦动而顺天以旋，则地之不旋，明白易见，窃所未安。

月阴精，反乎阳者也，故其右行最速；

右行最速，左行最缓也。

日为阳精，然其质本阴，故其右行虽缓，亦不纯系乎天，如恒星不动。

以外景内暗离卦之象推之，故曰其质本阴。不纯系乎天者，谓并包乎地也。

金水附日前后进退而行者，其理精深，存乎物感可知矣。

未详。

镇星地类，然根本五行，虽其行最缓，亦不纯系乎地也。

谓根本五行者，木、火、水、金皆依土而生者也。行最缓，以不及天而行，如左旋之说，则其行于七政为最速。不纯系乎地，二十八岁而其行始不及天一周，几与天同其健行矣。

火者亦阴质，为阳萃焉，然(而)〔其〕气比日而微，故其迟倍日。

阳萃者，阳聚于外而含阴也。其迟差日一倍，二岁而一周天。

惟木乃岁一盛衰，故岁历一辰。辰者，日月一交之次，有岁之象也。

辰，十有二次也；日月交者，一月则易一次而交之。说与历家异。历家以象起数，此以理论数，此其所以异乎！

凡圜转之物，动必有机；既谓之机，则动非自外也。古今谓天左旋，此直至粗之论尔，不考日月出没恒星昏晓之变。

此直谓天体不动，地自内圜转而见其差，于理未安。

愚谓在天而运者，唯七曜而已。

即所谓系乎地而不系乎天也。系乎地，故与地偕动，迟缓但因其性尔。

恒星所以为昼夜者，直以地气乘机左旋于中，故使恒星河汉（四）〔因〕北为南，日月因天隐见。

「左」，当作「右」。谓地气圜转，与历家四游之说异。

太虚无体，则无以验其迁动于外也。

太虚，至清之郛郭，固无体而不动；而块然太虚之中，虚空即气，气则动者也。此义未安。

天左旋，处其中者顺之，少迟则反右矣。

处其中者，谓日月五星。其说谓七曜亦随天左旋，以行迟而不及天，人见其退，遂谓右转。与历家之说异，未详孰是；而与前地旋而见天之左，抑不相通。

地，物也；天，神也；物无逾神之理，顾有地斯有天，若其配然尔。

天无体，太和絪缊之气，为万物所资始，屈伸变化，无迹而不可测，万物之神所资也。聚而为物，地其最大者尔。逾，谓越此而别有也。地不能越天之神而自为物，成地者天，而天且沦浃于地之中，本不可以相配。但人之生也资地以生，有形乃以载神，则就人言之，地之德可以配天尔。知此，则抗方泽之祀于圜丘，伸母斩衰之服以齐于父，徇形重养而不恤义，后世所以沦乎幽而成乎乱也。张子之论韪矣。

地有升降，日有修短。地虽凝聚不散之物，然(一)〔二〕气升降其间，相从而不已也。

月令言「天气下降，地气上升」，谓气也；此则言形随气而升降，未审然否。

阳日上，地日降而下者，虚也；阳日降，地日进而上者，盈也。

谓冬至以后，地日渐下，去日渐远而昼长；夏至以后，地日渐高，去日渐近而昼短；与日行南北二陆之说异。虚，谓天地之间空旷；盈，谓天地相近而气充满。

此一岁寒暑之候也。

谓地高近日则暑，地下远日则寒，不用南北二陆远近之说。

至于一昼夜之盈虚升降，则以海水潮汐验之为信；

以潮验地之升降，谓地升则潮落，地降则潮生，地有一岁之大升降，又有一昼夜之小升降也。其谓寒暑因地之升降，皆自此测之。乃水亦地中之一物，故谓土为四行根本，而水必比地以安，则未可以水之盈虚验地之升降矣。

然间有小大之差，则系日月朔望，其精相感。

此说又与上异。水之盈虚与月相感，使诚因乎此，则非地之升降矣。不及专家之学，以浑天质测及潮汐南北异候验之之为实也。［敔按：质测之说出近日，历家谓据法象以质实测之。］

日质本阴，月质本阳；

日，火之精也，火内暗而外明，离中阴也；月，水之精也，水内明而外暗，坎中阳也。日月不可知，以水火、坎离测之。

故于朔望之际，精魄反交，则光为之（蚀）〔食〕矣。

谓日精月魄交射，而易其外见之阴阳，故光为之夺。与历家之说异，历说为允。

亏盈法：

谓月晦朔弦望亏盈之理。

月于人为近，日远在外，故月受日光常在于外，人视其终初如钩之曲，及其中天也如半璧然，此亏盈之验也。

此说未详。亏盈之故，晓然易知，沈存中之说备矣。

月所位者阳，故受日之光，不受日之精，相望中弦则光为之食，精之不可以二也。

位，谓定位而成质也。不受日之精，精相食则光亦不受，坎外之阴不为阳易也。此以理推度，非其实也。天者理所自出，在天者即为理，执理以测之，必有所窒矣。日月食自以历家之说为允，但暗虚之说，疑不可从尔。

日月虽以形相物，

因其形而各谓之一物。

考其道则有施受健顺之差焉。

日施光而月受之，施者健，受者顺也，所以谓日阳而月阴，道取诸此。

星月金水受光于火日，阴受而阳施也。

谓星亦受日光，近天文家亦有云然者。然以太白昼见验之，与月之在昼而暗者异，则说亦难通。金水受光于日火，以镜及止水验之，亦物理之一端而已。

阴阳之精互藏其宅，则各得其所安，

精者，阴阳有兆而相合，始聚而为清微和粹，含神以为气母者也。苟非此，则天地之间，一皆游气而无实矣。互藏其宅者，阳入阴中，阴丽阳中，坎、离其象也。太和之气，阴阳浑合，互相容保其精，得太和之纯粹，故阳非孤阳，阴非寡阴，相函而成质，乃不失其和而久安。

故日月之形，万古不变。

互藏之精相得而不舍，则其相生也不穷，固与太虚之太和通理。天不变，故日月亦不变。

若阴阳之气，则循环迭至，聚散相荡，升降相求，絪缊相揉，盖相兼相制，欲一之而不能。

此则就分阴分阳各成其气以主群动者言也。循环迭至，时有衰王，更相为主也。聚散相荡，聚则成而荡其散者之弱，散则游而荡其聚者之滞也。升降相求，阴必求阳，阳必求阴，以成生化也。絪緼相揉，数本虚清，可以互入，而主辅多寡之不齐，揉杂无定也。二气所生，风雷、雨雪、飞潜、动植、灵蠢、善恶皆其所必有，故万象万物虽不得太和之妙，而必兼有阴阳以相宰制，形状诡异，性情区分，不能一也；不能一则不能久。

此其所以屈伸无方，运行不息，莫或使之，不曰性命之理，谓之何哉！

屈伸无方者，生死之所以不恒，而聚散不能仍复其故也。运行不息，则虽不复其故，而伸者屈，屈者必伸也。鼓动于太虚之中，因气之纯杂，而理之昏明、强柔，性各别矣。故自风雷水火以至犬牛蛇虎，各成其性而自为理，变化数迁，无一成之法则也。以此论之，太和未分之前，初得其精者，日月也；阴阳成质以后，而能全其精者，人也。人之所以继天立极，与日月之贞明同其诚而不息；能无丧焉，斯圣矣。

「日月得天」，得自然之理也，非苍苍之形也。

此上二节，皆因易「日月得天而能久照」之义而推言之。自然者，有自而然也。阴阳合而各有良能，神气凝而为精，此日月之所自而能久照者，与太虚保合太和于无声无臭之中者同其理，故曰「得天」。

闰余生于朔，不尽周天之气。

三百六十五日有奇而天气一周，一岁之朔十二，止得三百五十四日有奇。不尽者，气盈朔虚也。置闰者，所以合月于日。

而世传交食法，与闰异术，盖有不知而作者尔。

合朔之法，以日月为朔望之准，用推闰余，乃使分秒之积不差，如谷梁子晦食食既朔之说及四分三统诸历有经朔无定朔，皆不知而作也。此法今历为密。

阳之德主于遂，阴之德主于闭。

德，谓性情功效；性情者其所自据之德，功效者见德于物也。遂，发生成物；闭，收藏自成。凡发生畅遂，皆阳之为而用夫阴；收敛成形，皆阴之为而保其阳。天地、水火、四时、百物、仁义、礼乐无不然者。

阴性凝聚，阳性发散；阴聚之，阳必散之，其势均散。

天地之化，人物之生，皆具阴阳二气。其中阳之性散，阴之性聚，阴抱阳而聚，阳不能安于聚必散，其散也阴亦与之均散而返于太虚。

阳为阴累，则相持为雨而降；阴为阳得，则飘扬为云而升。

雨云皆阴也，阴气迫聚于空虚而阳不得下交，阳为阴累矣。然阳不久困，持于上而使阴不升，阴势终抑而雨降，阳乃通矣。阴气缓聚而欲升，与阳不相亢，而相入以相得也，则阳因其缓而受之。以其从容渐散轻清不聚者为阳，虽含阴气亦阳也；其聚于地中与地为体者为阴，虽含阳气亦阴也。凡阴阳之名义不一，阴亦有阴阳，阳亦有阴阳，非判然二物，终不相杂之谓。

故云物班布太虚者，阴为风驱，敛聚而未散者也。

阴气上升，初尚轻微，无形无象，阳气欲散之，而驱之太骤，则阴怫能即与相得，而相保以聚，有为雨之势，故曰敛聚；然多不雨，弥久而后交于阳，故曰未散。前言飘扬而升者，倏起旋灭之云；此言班布太虚者，弥亘不散之云也。

凡阴气凝聚，

凝聚于地上也。地天之际，人物之区，阴阳往来之冲，气为尤厚。天气浑沦，入有入无，一也，而入有者以有碍而难散，则气聚于其间，轮屯纷遝，天气舒缓以入，地气得之相挟以聚，因互相凝结，即阳气亦以聚而成阴矣。阴阳有定性而无定质也，故独言阴而不言阳。

阳在内者不得出，则奋击而为雷霆；

内，地中也。阴气在外锢之，迫而怒发。震，二阴锢一阳于内，雷从地出之象。

阳在外者不得入，则周旋不舍而为风。

外，地上空界也。空而无碍，可恣其游衍周旋。不舍，八风相报也。巽，二阳在一阴之上，风行地上之象。

其聚有远近、虚实，故雷风有小大、暴缓。

聚，阴聚也。阴之所聚，阳所不得而出入也。远则风大而缓，近则风小而暴，虚则雷易出而小，实则雷难出而暴。

和而散则为霜雪雨露，

雨雪则阴降入地中而任阳之出入，和而散其聚矣；霜露又其微而缓者。

不和而散则为戾气曀霾；

阳急欲散而阴之凝结益固，然其势必不能久聚，激为戾气曀霾而后散焉。戾气，雹类。

阴常散缓，受交于阳，则风雨调，寒暑正。

阴之必聚，其性然也。聚之缓而不惜散，则风雨应候，而不怙结以成戾，风雨时，则寒暑有节而正矣。

此章言雷风云雨之化，精极理势，于篇中尤醇矣。

天象者，阳中之阴；风霆者，阴中之阳。

轻清上浮者阳也，而有象有形，聚者为阴；出地而有实者阴也，而形无固形，究归于散为阳。故曰「立天之道，曰阴与阳，立地之道，曰柔与刚」，非判然两分而不相合也。

雷霆感动虽速，然其所由来亦渐尔。

阳气积习于地中，盈而后奋。

能穷神化所从来，德之盛者与！

德盛于中，故神化疾速，于雷霆可验。如伊尹乐尧、舜之道，一介无非道义，故一出而伐夏救民，莫之能御，其所从来者盛也。

火日外光，能直而施；金水内光，能辟而受。受者随材各得，施者所应无穷，

大小、昏明各如其量而止。

容光必照，远而不御。

神与形、天与地之道与！

形则限于其材，故耳目虽灵，而目不能听，耳不能视。且见闻之知，止于已见已闻，而穷于所以然之理。神则内周贯于五官，外泛应于万物，不可见闻之理无不烛焉，天以神施，地以形应，道如是也。地顺乎天，则行无疆；耳目从心，则大而能化；施者为主，受者为役。明乎此，则穷神合天之学得其要矣。

此上二章，因天化以推心德之主宰，尤学者所宜尽心也。

「木曰曲直」，能(即)〔既〕曲而反伸也；

既曲可伸，伸抑可曲。

「金曰从革」，一从革而不能自反也。

从者，不易其质，革者，其形可变。能从能革，具斯二德，此云不能自反，于义未安。

水火，气也，故炎上润下，与阴阳升降，土不得而制焉。

水火有质而胜用在气，气，故可旁达，与金木之用止于形中异矣。与阴阳升降者，以阴阳升降为体也。土不得制者，不受命于土也。炎以散寒，润以解燥，与上升下燥各为二德，此独就上下释之。

木金者，土之华实也，

木者，土之敷荣；金，土之结而坚者尔。

其性有水火之杂。故木之为物，水渍则生，火然而不离也，盖得土之浮华于水火之交也。金之为物，得火之精于土之燥，得水之精于水（当作土）之濡，故水火相待而不相害，烁之反流而不耗，盖得土之精实于水火之际也。

渍而生，然而不离，惟其中有水火之性也。水火之交，谓水火之气与阴阳升降，融彻土中，故土感其气，合同而化，以发生浮华，以此知土中具有燥濡之性，为水火所资生，虽不能制，自包函之。燥者，土函火；濡者，土函水。木受水火之气，故浮；金乃水火之精所结，故实。相待，谓金有津润还可生水，燧镜还可生火，交相待以生。不相害，谓水火不能毁金，火虽烁金而金反流。流者，生动之机，火既去仍无所耗，若水则终不损金也。际者，两相接而成之谓。水濡之，火燥之，土坚实而成金。

土者，物之所以成始而成终也，

始生于土，终归于土，神有往来，土受之而成形。

地之质也，

地一土而已，木金皆其所生，水火依之而成。

化之终也。

二气变化，至形成而止矣。

水火之所以升降，

火依地而升，水依地而降，下彻黄壚，炎润之性在焉。故无依空之水，火离土依空则息。

物兼体而不遗者也。

水、火、木、金皆与土为体，则万汇之生，有形有质，土皆兼体而不遗矣。洪范之言五行，以人事言，利用厚生之资，故于土但曰稼穑。若自天化而言，即地也，四行所不得抗也。周子太极第一图，太极之本体；第二图，阴阳二气，天之蕴也；第三图，五行顺布，地之撰也。第二图阴阳分左右，而中有太极，阴阳分体太极，而太极自不杂，在天之极也；第三图位土于中，周行水、火、木、金而别无太极，明土为在地之极也。土不待水火而生，而水火依土；木金，土之华实，非土外之有木金。张子此论，究极物理，与周子吻合。而术家之言谓火生土、木克土者，其陋明矣。盖尝论之，天以神御气，地以气成形，形成而后五行各著其体用。故在天唯有五星之象，在地乃有五行之形。五气布者，就地而言。若七曜以上之天，极于无穷之高，入于无穷之深，不特五行之所不至，且无有所谓四时者。然则四时之行，亦地天之际气应所感，非天体之固然矣。人生于天地之际，资地以成形而得天以为性，性丽于形而仁、义、礼、智著焉，斯尽人道之所必察也。若圣人存神以合天，则浑然一诚，仁、义、礼、智初无分用，又岂有恻隐、羞恶、恭敬、是非之因感而随应者。然下学上达，必循其有迹以尽所得为，而豁然贯通之后，以至诚合天德，固未可躐等求也。

冰者，阴凝而阳未胜也；

「冰」当作「水」。水本以阳为质，而依于土之至阴，比而不离，一阳在陷而不能胜阴，终与地为体而成乎阴。

火者，阳丽而阴未尽也。

火本以阴为质，而丽于阳木以发，其光焰然，其中含阴暗，终不尽失其性，则固系乎地而不属乎天。

火之（光）〔炎〕，人之蒸，有影无形，能散而不能受光者，其气阳也。

蒸，谓身之暖气。阳散阴聚，阳施阴受，精含于内，气发于外，故人知日火之炎明而不知其中之暗，知暖气之蒸为炅热而不知其中之寒。素问曰「阳虚故外热」，得此旨矣。君子之自居德务保其精，而知人之明不取其外浮之气，悉此理也。

阳陷于阴为水，附于阴为火。

坎、离其象也，皆以阳为主，君子词也。

张子正蒙注卷二

衡阳王夫之撰

天道篇

前二篇具明天道，此篇因天道以推圣德，而见圣人之学，惟求合于所自来之天而无所损益；其言虽若高远，而原生之所自，则非此抑无以为人。周子曰：「贤希圣，圣希天。」希圣者，亦希其希天者也。大本不立而欲以学圣，非异端则曲学而已。学者不可以为若登天而别求企及之道也。

天道四时行，百物生，无非至教；圣人之动，无非至德，夫何言哉！敔按：四时行，百物生，大德之敦化也；圣人之动，至教之入神也；参互言之。

天言教者，天之曲成万物，各正性命，非以自成其德也。圣言德者，圣人动无非善，非为立教而设，祇以自成其德，然而学者之所学在此也。圣者，极乎善之谓。夫何言哉，知天知圣者于此学之，自不待言而至，非圣人之有秘密，求之于言语道断间也。（「夫」何言哉，旧本作「天」，今正之。）

天体物不遗，犹仁体事无不在也。

天以太虚为体，而太和之絪緼充满焉，故无物不体之以为性命。仁以无欲为体，而视听言动之节文生焉，故无事不体之以为心理之安。天者仁之全体，仁者天之心，一也。敔按：仁之全体即天，于心见天，故曰天之心，天人一矣。

「礼仪三百，威仪三千」，无一物而非仁也。

心所不容已而礼不容已矣，故复礼斯为仁矣。礼者，复吾心之动而求安，以与事物相顺者也。敔按：复吾心之动而求安，所谓「复其见天地之心」也。

「昊天曰明，及尔出王，昊天曰旦，及尔游衍」，无一物之不体也。敔按：礼者，天理之节文也，曰明，曰旦，节文于斯显矣。

无一事之不有体，则无一物之可与天违也。

此章合天与仁而言，其全体切近人心，朱子谓其从赤心流出，允矣。而显仁于体，俾学者有所持循，尤求仁者之实务，非凭虚以言存养而与异端相似之比。张子之学，以礼为鹄，此章其枢要也。

上天之载，有感必通；

百物之生，情动气兴，天命即授以成其形性，盖浑沦流动，有可受斯应之。

圣人之为，得为而为之应。

浑然一仁，道无不足，时可为则如其理而为之。敌按：得为而为之，是以以时制礼。

天不言而四时行，圣人神道设教而天下服，诚于此，通于彼，神之道与！

观之象曰「神道设教」，非假鬼神以诬民也，不言而诚尽于己，与天之行四时者顺理而自然感动，天下服矣。天以化为德，圣人以德为化，惟太和在中，充实诚笃而已。

天不言而信，

四时不忒，万物各肖其类之谓信。

神不怒而威。

圣人神道设教而天下服。

诚，故信；

天惟健顺之理充足于太虚而气无妄动，无妄动，故寒暑化育无不给足，而何有于爽忒。敔按：气无妄动，理之诚也，无妄，信也。

无私，故威。

圣人得理之全，无所偏则无所用其私，刑赏皆如其理而随应之，故天下自服。此章申明上章诚此通彼之理而著其所以然之实，盖人惟托于义理之迹而无实，则据所托以为己私而思以诎天下。圣人喜怒恩威，至虚而灵，备万物生杀之理，至足而无所缺陷，何私之有。天之诚，圣人之无私，一也；御六气，用阴阳，非人之所能测矣；此神之大用也。

天之不测谓神，神而有常谓天。敔按：天之不测，天之神也；神而有常，人之天也。

天自有其至常，人以私意度之则不可测。神，非变幻无恒也，天自不可以情识计度，据之为常，诚而已矣。

运于无形之谓道，形而下者不足以言之。敔按：运于无形，兼天道人道而言。

形有定而运之无方，运之者得其所以然之理而尽其能然之用。惟诚则体其所以然，惟无私则尽其能然；所以然者不可以言显，能然者言所不能尽。言者，但言其有形之器而已；

故言教有穷，而至德之感通，万物皆受其裁成。

鼓万物而不与圣人同忧，天道也。

化之有灾祥，物之有善恶灵蠢，圣人忧之而天不以为忧，在天者无不诚，则无不可成其至教也。

圣不可知也，无心之妙，非有心所及也。

圣人虽与民同其忧患，而不役心于治教政刑以求胜之，唯反身而诚，身正而天下平，故不亲不治不答，皆以无心应之。彼迫于治物者，恃心以应物而物不感，见圣人之舞干而苗格，因垒而崇降，不测其所以然之理，则固不能知之。

「不见而章」，已诚而明也；

「见」，如字。诚有其理，则自知之，如耳目口鼻之在面，暗中自知其处，不假闻见之知。

「不动而变」，神而化也；

有言有教皆动也。神者以诚有之太和感动万物，而因材各得，物自变矣。

「无为而成」，为物不贰也。

诚不息，神无闲，尽诚合神，纯于至善，而德盛化神，无不成矣。有为者以己闻见之知，倚于名法，设立政教，于事愈繁，于道愈缺，终身役役而不能成，恶足以知其妙哉！

已诚而明，故能「不见而章，不动而变，无为而成」。

承上章而括之以诚。神，非变幻不测之谓，实得其鼓动万物之理也。不贰，非固执其闻见之知，终始尽诚于己也。此至诚存神之实也。

「富有」，「广大不御之盛与！「日新」，悠久无疆之道与！

富有，非积闻见之知也，通天地万物之理而用其神化，则广大不御矣。日新，非数变其道之谓，体神之诚，终始不闲，则极乎悠久无疆矣。释易系传，而示学者勿侈博以为广大，勿逐物以为日新。

天之知物，不以耳目心思，然知之之理，过于耳目心思。

心思倚耳目以知者，人为之私也；心思寓于神化者，天德也。

天视听以民，明威以民，故诗、书所谓帝天之命，主于民心而已焉。

天无特立之体，即其神化以为体；民之视听明威，皆天之神也。故民心之大同者，理在是，天即在是，而吉凶应之。若民私心之恩怨，则祁寒暑雨之怨咨，徇耳目之利害以与天相忤，理所不在，君子勿恤。故流放窜殛，不避其怨而逢其欲，己私不可徇，民之私亦不可徇也。

「化而裁之存乎变。」存四时之变，则周岁之化可裁；存昼夜之变，则百刻之化可裁。

存，谓识其理于心而不忘也。变者，阴阳顺逆事物得失之数。尽知其必有之变而存之于心，则物化无恒，而皆豫知其情状而裁之。存四时之温凉生杀，则节宣之裁审矣；存百刻之风雨晦明，则作息之裁定矣。化虽异而不惊，裁因时而不逆，天道且惟其所裁，而况人事乎！

「推而行之存乎通。」推四时而行，则能存周岁之通；推昼夜而行，则能存百刻之通。

通者，化虽变而吉凶相倚，喜怒相因，得失相互，可会通于一也。推其情之所必至，势之所必反，行于此者可通于彼而不滞于一隅〔之识〕，则夏之葛可通于冬之裘，昼之作可通于夜之息，要归于得其和平，而变皆常矣。故或仕或止，或语或嘿，或刑或赏，皆协一而不相悖害。惟豫有以知其相通之理而存之，故行于此而不碍于彼；当其变必存其通，当其通必存其变，推行之大用，合于一心之所存，此之谓神。

「神而明之，存乎其人。」不知上天之载，当存文王。

文王之德，「不显亦临，不闻亦式」，能常存此于心，则天载之神，化育亭毒于声臭之外者，无不明矣。

「默而成之，存乎德行。」学者常存德性，则自然默成而信矣。

德性者，非耳目口体之性，乃仁义礼智之根心而具足者也。常存之于心，而静不忘，动不迷，不倚见闻言论而德皆实矣。

存文王则知天载之神，存众人则知物性之神。

众人之聪明明威，皆天之所降神也。故既存圣人藏密之神，抑必存众人昭著之神。天载者，所以推行于物性，而物性莫非天载也。天之神理，无乎不察，于圣人得其微，于众人得其显，无往而不用其体验也。

谷之神也有限，故不能通天下之声；

老氏以谷神为众妙之门，然就其心量之所及而空之，以待物而应，则天下之理不得者多矣，犹谷之应声不能远。

圣人之神惟天，故能周万物而知。

圣人通天载而达物性，不立一私意而无一物之滞者，惟其万物之理皆得而知四达也。盖神运于虚，而老氏以虚为神，暂止其躁动窒塞之情，亦能以机应物而物或应；惟其虚拟圣人之天载而遗乎物性，则与太虚之絪縕一实者相离，而天下之不能通必矣。

圣人有感无隐，正犹天道之神。

仁义、礼乐、刑赏、进退之理无倚，而皆备于虚静之中，感之者各得所欲而无不给，与天之絪縕不息，物感之而各成者，同其肆应不劳，人所不能测也。

形而上者，得意斯得名，得名斯得象；

形而上者，道也。形之所从生与其所用，皆有理焉，仁义中正之化裁所生也。仁义中正，可心喻而为之名者也。得恻隐之意，则可自名为仁，得羞恶之意，则可自名为义，因而征之于事为，以爱人制事，而仁义之象著矣。

不得名，非得象者也。

若夫神也者，含仁义中正之理而不倚于迹，为道之所从生，不能以一德名之。而成乎德者亦不著其象，不得已而谓之曰诚。诚，以言其实有尔，非有一象可名之为诚也。

故语道至于不能象，则名言亡矣。

存之于心者得之尔。

世人知道之自然，未始识自然之为体尔。

孩提爱亲，长而敬兄，天高地下，迪吉逆凶，皆人以为自然者也。自然者，絪緼之体，健顺之诚，为其然之所自，识之者鲜矣。

有天德，然后天地之道可一言而尽。

存神以存诚，知天地之道唯此尔，故可以一言而尽。

正明不为日月所眩，正观不为天地所迁。

「正」，易作「贞」，宋避庙讳作「正」。贞者，正而恒也。自诚而明，非目之倚，日月为明，还为所眩也。观者，尽于己而示物也。天地，以气化之变言。治乱吉凶，天地无常数，而至诚有常理，不为所变也。

神化篇

此篇备言神化，而归其存神敦化之本于义，上达无穷而下学有实。张子之学所以别于异端而为学者之所宜守，盖与孟子相发明焉。

神，天德；

絪緼不息，为敦化之本。

化，天道；

四时百物各正其秩叙，为古今不易之道。

德其体，道其用，

体者所以用，用者即用其体。

一于气而已。敔按：此言德者健顺之体，道者阴阳之用，健顺阴阳，一太和之气也。

气，其所有之实也。其絪緼而含健顺之性，以升降屈伸，条理必信者，神也。神之所为聚而成象成形以生万变者，化也。故神，气之神；化，气之化也。

神无方，易无体，

神行气而无不可成之化，凡方皆方，无一隅之方。易六位错综，因时成象，凡体皆体，无一定之体。

大且一而已尔。

无所遗之谓大，无不贯之谓一，故易简而天下之理得。体斯道也，仁义中正扩充无外，而进退、存亡、刑赏、礼乐、清和、安勉，道皆随时而得中；若夷之清，惠之和，有方有体，不足以合神而体易矣。宽以居之，仁以行之，学以聚之，问以辨之，则所由至于大且一也。

虚明照鉴，神之明也；

太虚不滞于形，故大明而秩叙不紊；君子不滞于意，故贞明而事理不迷。照鉴者，不假审察而自知之谓。

无远近幽深，利用出入，神之充塞无间也。

气之所至，神皆至焉。气充塞而无间，神亦无间，明无不彻，用无不利，神之为德莫有盛焉矣。

天下之动，神鼓之也；

天以神御气而时行物生，人以神感物而移风易俗。神者，所以感物之神而类应者也。

辞不鼓舞，则不足以尽神。

君子之有辞，不徇闻见，不立标榜，尽其心，专其气，言皆心之所出而气无浮沮，则神著于辞，虽愚不肖不能不兴起焉。若袭取剿说，则仁义忠孝之言，人且迂视之而漠然不应，不足以鼓舞，唯其神不存也。

鬼神，往来屈伸之义；张子自注：神示者，归之始；归往者，来之终。

始终循环一气也，往来者屈伸而已。

故天曰神，地曰示，人曰鬼。

天之气伸于人物而行其化者曰神，人之生理尽而气屈反归曰鬼；地顺天生物，而人由以归者也，屈伸往来之利用，皆于是而昭著焉，故曰示。示居神鬼之间，以昭示夫鬼神之功效者也。

形而上者，得辞斯得象矣。

神化，形而上者也，迹不显；而由辞以想其象，则得其实。指其本体，曰诚，曰天，曰仁，一言而尽之矣。

神为不测，故缓辞不足以尽神；

不测者，有其象，无其形，非可以比类广引而拟之。辞之缓急如其本然，所以尽神，然后能鼓舞天下，使众著于神化之象，此读易穷理者所当知也。

化为难知，故急辞不足以尽化。

化无定体，万有不穷，难指其所在，故四时百物万事皆所必察，不可以要略言之，从容博引，乃可以体其功用之广。

气有阴阳，

阴阳之实，情才各异，故其致用，功效亦殊。若其以动静、屈伸、聚散分阴阳为言者，又此二气之合而因时以效动，则阳之静屈而散，亦谓之阴，阴之动伸而聚，亦谓之阳，假阴阳之象以名之尔，非气本无阴阳，因动静屈伸聚散而始有也。故直言气有阴阳，以明太虚之中虽无形之可执，而温肃、生杀、清浊之体性俱有于一气之中，同为固有之实也。

推行有渐为化，合一不测为神。

其发而为阴阳，各以序为主辅，而时行物生，不穷于生，化也。其推行之本，则固合为一气，和而不相悖害。阴阳实有之性，名不能施，象不能别，则所谓神也。

其在人也，知义用利，则神化之事备矣。（知，去声。）

知者，洞见事物之所以然，未效于迹而不昧其实，神之所自发也。义者，因事制宜，刚柔有序，化之所自行也。以知知义，以义行知，存于心而推行于物，神化之事也。

德盛者，穷神则知不足道，知化则义不足云。

知所以求穷乎神，义所以求善其化。知之尽，义之精，大明终始，无事审察，随时处中而不立矩则。惟纯体阴阳之全德，则可阴，可阳，可阳而阴，可阴而阳，如春温而不无凉雨，秋肃而不废和风，不待知知，不求合义矣。然使非全体天地阴阳之德，则弃知外义以遁于空虚，洸洋自恣，又奚可哉！

天之化也运诸气，人之化也顺夫时；非气非时，则化之名何有，化之实何施！

惟其有气，乃运之而成化；理足于己，则随时应物以利用，而物皆受化矣。非气则物自生自死，不资于天，何云天化；非时则己之气与物气相忤，而施亦穷。乃所以为时者，喜怒、生杀、泰否、损益，皆阴阳之气一阖一辟之几也。以阴交阳，以阳济阴，以阴应阴，以阳应阳，以吾性之健顺应固有之阴阳，则出处、语默、刑赏、治教，道运于心，自感通于天下。

圣人化成天下，其枢机之要，唯善用其气而已。中庸曰「至诚为能化」，孟子曰「大而化之」，皆以其德合阴阳，与天地同流而无不通也。

至诚，实有天道之谓；大者，充实于内，化之本也。惟其健顺之德，凝五常而无间，合二气之阖辟，备之无遗，存之不失，故因天地之时，与之同流，有实体则有实用，化之所以咸通也。阴阳合为一德，不测之神也；存神以御气，则诚至而圣德成矣。

所谓气也者，非待其鬱蒸凝聚，接于目而后知之；

阳为阴累则鬱蒸，阴为阳迫则凝聚，此气之将成乎形者。养生家用此气，非太和絪緼、有体性、无成形之气也。

苟健顺、动止、浩然、湛然之得言，皆可名之象尔。

健而动，其发浩然，阳之体性也；顺而止，其情湛然，阴之体性也。清虚之中自有此分致之条理，此仁义礼智之神也，皆可名之为气而著其象。盖气之未分而能变合者即神，自其合一不测而谓之神尔，非气之外有神也。

然则象若非气，指何为象？

健顺、动止、浩、湛之象，为乾、坤六子者皆气也，气有此象也。

时若非象，指何为时？

随时而起化者，必以健顺、动止、浩、湛之几为与阴阳、翕辟、生杀之候相应以起用，不然，又将何以应乎时哉！

世人取释氏销碍入空，学者舍恶趋善以为化，此直可为始学遣累者薄乎云尔，岂天道神化所同语也哉！

释氏以眞空为如来藏，谓太虚之中本无一物，而气从幻起以成诸恶，为障碍眞如之根本，故斥七识乾健之性、六识坤顺之性为流转染污之害源。此在下愚，挟其鬱蒸凝聚之浊气以陷溺于恶者，闻其灭尽之说，则或可稍惩其狂悖；而仁义无质，忠信无本，于天以太和一气含神起化之显道，固非其所及知也。昧其所以生，则不知其所以死，妄欲销陨世界以为大涅槃，彼亦乌能销陨之哉，徒有妄想以惑世诬民而已。敔按：释氏谓第七识为「末那识」，华云「我识」；第六识为「纥哩耶识」，华云「意识」。此言乾健之性、坤顺之性者，为仁由己，乾道也，主敬行恕，要在诚意愼独，坤道也。

「变则化」，由粗入精也；

变者，自我变之，有迹为粗；化者，推行有渐而物自化，不可知为精，此一义也。

「化而裁之谓之变」，以著显微也。

「谓之」，当作「存乎」。化之所自裁，存乎变易不测，不失其常之神。化见于物，著也，裁之者存乎己，微也，此又一义也。中庸变先于化，易传化先于变，取义不同；凡言阴阳动静，不可执一义以该之，类如此。中庸之言变，知义之事，化则神之效也。易传之言化，德盛之事，变则神之用也。变者，化之体；化之体，神也。精微之蕴，神而已矣。

谷神不死，故能微显而不掩。

「谷」，当作「鬼」，传写之讹也。神阳，鬼阴，而神非无阴，鬼非无阳，祭礼有求阴求阳之义，明鬼之有阳矣。二气合而体物，一屈一伸，神鬼分焉；而同此气则同此理，神非无自而彰，鬼非无所往而灭，故君子言往来，異于释氏之言生灭。屈伸一指也，死生一物也，无间断之死灭，则常流动于化中；而察乎人心，微者必显，孰能掩之邪！

鬼神常不死，故诚不可掩；人有是心，在隐微必乘间而见。

鬼神无形声而必昭著于物，则苟有其实，有不待形而见，不待声而闻。一念之善恶动于不及觉之地，若或使之发露；盖气机之流行，有则必著之也。

故君子虽处幽独，防亦不懈。

非畏其著见，畏其实有之而不能遏也。一念之邪不审，虽或制之不发，而神气既为之累，见于事为，不觉而成乎非僻，不自测其所从来而不可遏抑。盖神气者，始终相贯，无遽生遽灭之理势，念之于数十年之前，而形之也忽成于一旦，故防之也不可不早，不得谓此念忘而后遂无忧，如释氏心忘罪灭之说也。敔按：此所谓「天夺其魄」也。天者神也，魄者形也，神气既累，必动乎四体而莫掩其形。

神化者，天之良能，非人能；

见闻之所推测，名法之所循行，人能也。

故大而位天德，然后能穷神知化。

位，犹至也。尽心以尽性，性尽而与时偕行，合阴阳之化，乃位天德，实体之则实知之矣。

大可为也，大而化不可为也，

扩充其善以备乎理之用，则大矣；与时偕行而物无不顺，非恃其大而可至也。

在熟而已。

一其心于道而渐积以自然，则资深居安而顺乎时，故学莫妙于熟，人之所以皆可为尧、舜也。

易谓「穷神知化」，乃德盛仁熟之致，非智力能强也。

张子之言，神化极矣，至此引而归之于仁之熟，乃示学者易简之功，学圣之奥也。择善固执，熟之始功，终食不违则熟矣。

「大而化之」，能不勉而大也；

熟则不勉。

不已而天，则不测而神矣。

天之神化惟不已，故万变而不易其常。伯夷、伊尹不勉而大，而止于其道，有所止则不能极其变；唯若孔子与时偕行而神应无方，道在则诚，道变则化，化而一合于诚，不能以所止测之。

先后天而不违，顺至理以推行，知无不合也。

心之所存，推而行之，无不合于理，则天不能违矣。理者，天之所必然者也。

虽然，得圣人之任者，皆可勉而至，犹不害于未化尔。大几圣矣，

伊尹自耕莘以来，集义而纯乎道，故以觉民为志，伐夏而天下服，放君而太甲悔过，虽所为有迹，矫时以立德，未几于化，而天理顺则亦几于圣矣。

化则位乎天德矣。

仁熟而神无不存，则与时偕行，万物自正其性命；故凤鸟不至，河不出图，而孔子之道自参天地，赞化育，不待取必于天也。

大则不骄；化则不吝。

成物皆成己之事，而后骄心永释；因物顺应而已不劳，而后吝心不生；此广大高明之极也。学者欲至于大，当勿以小有得而骄；欲几于化，当勿以私有得而吝。若颜子之勿伐善，勿施劳，竭才以思企及，则得矣。

无我而后大，

诚者，成身也，非我则何有于道？而云无我者，我，谓私意私欲也。欲之害理，善人、信人几于无矣；唯意徇闻见，倚于理而执之，不通天地之变，不尽万物之理，同我者从之，异我

者违之，则意即欲矣。无我者，德全于心，天下之务皆可成，天下之志皆可通，万物备于我，安土而无不乐，斯乃以为大人。

大成性而后圣，

德盛仁熟，不求备物而万物备焉，与时偕行，成乎性而无待推扩，斯圣矣。圣者，大之熟也。

圣位天德不可致知谓神。故神也者，圣而不可知。敔按：致知，犹言推测而知。

圣不可知，则从心所欲，皆合阴阳健顺之理气，其存于中者无仁义之迹，见于外者无治教政刑之劳，非大人以降所可致知，斯其运化之妙与太虚之神一矣。自大人而上，熟之则圣，圣熟而神矣，非果有不可知者为幻异也。「尧、舜之道，孝弟而已矣」，不杂乎人而一于天也。

见几则义明，

事物既至，则不但引我以欲者多端，且可托于义者不一。初心之发，善恶两端而已，于此分析不苟，则义明而不为非义所冒。

动而不括则用利，

括，收也，滞也。放义而行，一如其初心，推之天下，无中止之机，则用无不利矣。

屈伸顺理则身安而德滋。

滋，渐长而盛也。义明而推行之无所挠止，或屈或伸，无非理矣。时有否泰而身安，恒一于义，而心日广，德日润矣。此言学圣之始功在于见几；盖几者，形未著，物欲未杂，思虑未分，乃天德之良所发见，唯神能见之，不倚于闻见也。

「穷神知化」，与天为一，岂有我所能勉哉？乃德盛而自致尔。

存神以知几，德滋而熟，所用皆神，化物而不为物化，此作圣希天之实学也。几者，动之微；微者必著，故闻见之习俗一入于中以成乎私意，则欲利用安身而不可得，况望其德之滋乎！

「精义入神」，事豫吾内，求利吾外也；

察事物所以然之理，察之精而尽其变，此在事变未起之先，见几而决，故行焉而无不利。

「利用安身」，素利吾外，致养吾内也；

义已明，则推而行之不括，无所挠止。用利身安，则心亦安于理而不乱，故吉凶生死百变而心恒泰。如其行义不果，悔吝生于所不豫，虽欲养其心以静正，而忧惑相扰，善恶与吉凶交争于胸中，未有能养者也。

「穷神知化」，乃养盛自致，非思勉之能强，故崇德而外，君子未或致知也。

外利内养，身心率循乎义，逮其熟也，物不能迁，形不能累，惟神与理合而与天为一矣。故君子欲穷神而不索之于虚，欲知化而不亿测其变，惟一于精义而已；义精而德崇矣，所由与佛老之强致者异也。盖作圣之一于豫养，不使其心有须臾之外驰，以为形之所累，物之所迁，而求精于义，则即此以达天德。是圣狂分于歧路，人禽判于几希，闲邪存诚，与私意私欲不容有毫发之差也。

神不可致思，存焉可也；

心思之贞明贞观，即神之动几也，存之则神存矣。舍此而索之于虚无不测之中，役其神以从，妄矣。

化不可助长，顺焉可也。

德未盛而欲变化以趋时，为诡而已矣。顺者修身以俟命，正己而物正。

存虚明，久至德，

澄心摄气，庄敬以养之，则意欲不生，虚而自启其明；以涵泳义理而熟之，不使间断，心得恒存而久矣。此二者，所以存神也。

顺变化，达时中，

贞观立而天地万物之变不忧不逆；行法以俟命，随时皆有必中之节，放义以行而不括。此二者，所以顺化也。

仁之至，义之尽也。

存神顺化，则仁无不至，义无不尽。

知微知彰，不舍而继其善，然后可以成人性矣。

知微知彰，虚明而知几也。不舍而继其善，久至德而达时中也。成性者，成乎所性之善，性焉安焉之圣也。成乎性而神化在我，岂致思助长者之所可拟哉！言人性者，天之神笃于生而为性，其化则动植之物，故曰「唯人也得其秀而最灵」。

圣不可知者，乃天德良能；立心求之，则不可得而知之。

天德良能，太和之气健顺，动止时行而为理之所自出也，熟则自知之。大人以下，立心求之，则不知其从心不逾之矩尔，非有变幻不测，绝乎人而不可测，如致思助长者之诧神异也。

圣不可知谓神，庄生缪妄，又谓有神人焉。
圣而不已，合一于神。神者，圣之化也。庄生欲蔑圣功，以清虚无累之至为神人，妄矣。

惟神为能变化，以其一天下之动也。
德之独至者，为清，为任，为和，皆止于量，犹万物之动者因其质也。天之神，万化该焉，而统之以太和之升降屈伸；圣人之神，达天下之亹亹，而统之以虚明至德，故动皆协一。子曰「吾道一以贯之」，存神于心之谓也。

人能知变化之道，其必知神之为也。
变化者，因天下之动也。其道则不私于形，不执一于道，不孤其德，神存而顺化以协其至常，六龙皆可乘以御天，特在时位移易之间尔，可于此以征神之所为。

见易则神其几矣。
易有六十四象，三百八十四变，变化极矣，而唯乾之六阳、坤之六阴错综往来，摩荡以成其变化尔，此神之所为也，故易简而行乎天下之险阻。于此而知神之为用，纯一不息，随其屈伸消长皆成乎化。圣不可知，唯以至一贞天下之动，而随时处中，在运动之间而已。

知几其神，由经正以贯之，则宁用终日，断可识矣。

经，即所谓义也。事理之宜吾心，有自然之则，大经素正，则一念初起，其为善恶吉凶，判然分为两途而无可疑，不待终日思索而可识矣。张子之言，神化尽矣，要归于一；而奉义为大正之经以贯乎事物，则又至严而至简。盖义之所自立，即健顺动止，阴阳必然之则；敔按：此所谓立天地之大义。正其义则协乎神之理，凝神专气以守吾心之义，动存静养一于此，则存神以顺化，皆有实之可守，而知几合神，化无不顺。此正蒙要归之旨，所以与往圣合辙，而非贤知之过也。

几者，象见而未形也；

事无其形，心有其象。

形则涉乎明，不待神而后知也。

已形则耳目之聪明可以知其得失，不待神也。然而知之已晚，时过而失其中，物变起而悔吝生矣。

「吉之先见」云者，顺性命则所先皆吉也。

精义而存之不息，则所守之大经，固性命各正之理，于此闲邪存诚，一念之动罔非吉矣。故易曰「介于石」，正其经也；「不终日，贞吉」，念一起而即与吉为徒也；顺天地之至常，变化而不渝矣。

知神而后能飨帝飨亲，

不知神而以为无，是不得已而姑飨之也，则亡乎爱；以为有，是以山妖木魅飨之也，则亡乎敬。

见易而后能知神。

易卦非错则综，互相往来。神伸而生，生则向于鬼；神屈而死，死则返于神；错综往来不息之道也。

是故不闻性与天道而能制礼作乐者，末矣。

天以神为道，性者神之撰，性与天道，神而已也。礼乐所自生，一顺乎阴阳不容已之序而导其和，得其精意于进反屈伸之间，而显著无声无臭之中，和于形声，乃以立万事之节而动人心之豫。不知而作者，玉帛钟鼓而已。此章言明有礼乐，幽有鬼神，皆自无而肇有；唯穷神者两得其精意，以鼓舞天下而不倦，故以鬼神兴礼乐，以礼乐求鬼神者，从其类也。

「精义入神」，豫之至也。

义精则与神同其动止，以神治物，冒天下之道，不待事至而几先吉，非立一义以待一事，期必之豫也，故中庸以明善为诚身之豫道。

徇物丧心，人化物而灭天理者乎！存神过化，忘物累而顺性命者乎！

阴阳之糟粕，聚而成形，故内而为耳目口体，外而为声色臭味，虽皆神之所为，而神不存焉矣，两相攻取而喜怒生焉。心本神之舍也，驰神外徇，以从小体而趋合于外物，则神去心而心丧其主。知道者凝心之灵以存神，不溢喜，不迁怒，外物之顺逆，如其分以应之，乃不留滞以为心累，则物过吾前而吾已化之，性命之理不失而神恒为主。舜之饭糗茹草与为天子无以异，存神之至也。

敦厚而不化，有体而无用也；

敦厚，敬持以凝其神也；化，因物治之而不累也。君子之于物，虽不徇之，而当其应之也必顺其理，则事已靖，物已安，可以忘之而不为累。若有体而无用，则欲却物而物不我释，神亦终为之不宁，用非所用而体亦失其体矣。敔按：庄子所谓「其神凝而物不疵厉」者，盖有体而无用也。

化而自失焉，徇物而丧己也。

必欲事之靖，物之安，则事求可，功求成，驰情外徇，而已以丧矣。敔按：此言管、晏之学。

大德敦化，然后仁智一而圣人之事备。

大德，天德也。敦，诚以存神而随时以应；化，则大而化之矣。敦者仁之体，化者智之用。

性性为能存神，物物为能过化。

性性，于所性之理安焉而成乎性，不为习迁也。物物，因物之至，顺其理以应之也。性性，则全体天德而神自存；物物，则应物各得其理，虽有违顺，而无留滞自累以与物竞，感通自顺而无不化矣；此圣人之天德也。学圣者见几精义以不违于仁，动而不括以利用其智，立体以致用，庶几别于异端之虚寂，流俗之功名矣。

无我然后得正己之尽，存神然后妙应物之感。

此言存神过化相为体用也。徇物丧己者，拘耳目以取声色，唯我私之自累，役于形而不以神用，则物有所不通，而应之失其理。故惟无我，则因物治物，过者化，而已以无所累而恒正；存神，则贯通万理而曲尽其过化之用。过化之用即用存神之体，而存神者即所以善过化之用，非存神，未有能过化者也。

「范围天地之化而不过」，过则溺于空，沦于静，既不能存夫神，又不能知夫化矣。

范围天地者，神也，必存之以尽其诚，而不可舍二气健顺之实，以却物而遁于物理之外。释言「眞空」，老言「守静」，皆以神化为无有而思超越之。非神则化何从生，非化则神何所存！非精义以入神，则存非存，知非知，丧己而不能感物，此二氏之愚也。

「旁行不流」，圆神不倚也。

圆者，天之道也。屈伸顺感而各得，神之圆也。不倚于形器，则不徇物而流。

「百姓日用而不知」，溺于流也。

作息饮食，何莫非神之所为，气动而理即在其中。百姓日所用者皆神，而徇物以忘其理，故如水之流而不止，违于神而趋于鬼，终屈而莫能伸也。

义以反经为本，经正则精；

经者，人物事理之大本；反者，反而求乎心之安也。止此伦物，而差之毫厘则失其正，无不正则无不精，非随事察察之为精也。

仁以敦化为深，化行则显。

敦厚以体万物之化，乃尽物性而合天行，而仁之用显。显者，显其所敦也，故易曰「显诸仁」。

义入神，动一静也；仁敦化，静一动也。

存诸中者为静，见诸行者为动。义精而入神，则所动而施行者皆中存之天德，非因事求义而专于动也；仁敦化，则寂然不动之中，万化之理密运于心而无一念之息，非虚寂为仁而专于静也。敦化者岂豫设一变化以纷吾思哉？存大体以精其义而敦之不息尔。动静合一于仁而义为之干，以此，张子之学以义为本。

仁敦化则无体，义入神则无方。

易曰：「神无方而易无体。」仁函万化以敦其全体，则随所显而皆仁，六位时成，易之所以冒天下之道者此也。义之精者，体阴阳、屈伸、高下之秩叙而尽其神用，义非外袭而圆行以不流，神之所以藏诸用者此也。无体，无孤立之体，异于老、释之静；无方，无滞于一隅之方，异于名、法之动。无体者，所以妙合无方之神。精义之德至矣哉！

张子正蒙注卷三

衡阳王夫之撰

动物篇

此篇论人物生化之理，神气往来应感之几，以明天人相继之妙，形器相资之用，盖所以发知化之旨，而存神亦寓其间，其言皆体验而得之，非邵子执象数以观物之可比也。

动物本诸天，以呼吸为聚散之渐；

动物皆出地上，而受五行未成形之气以生。气之往来在呼吸，自稚至壮，呼吸盛而日聚，自壮至老，呼吸衰而日散。形以神而成，故各含其性。

植物本诸地，以阴阳升降为聚散之渐。

植物根于地，而受五行已成形之气以长。阳降而阴升，则聚而荣；阳升而阴降，则散而槁。以形而受气，故但有质而无性。

物之初生，气日至而滋息；物生既盈，气日反而游散。

有形则有量，盈其量，则气至而不能受，以渐而散矣。方来之神，无顿受于初生之理；非畏、厌、溺，非疫厉，非猎杀、斩艾，则亦无顿灭之理。日生者神，而性亦(曰)〔日〕生；反归者鬼，而未死之前为鬼者亦多矣。所行之清浊善恶，与气俱而游散于两间，为祥为善，为眚为孽，皆人物之气所结，不待死而为鬼以灭尽无余也。敔按：此论显然有征，人特未之体贴耳。

至之谓神，以其伸也；反之为鬼，以其归也。

用则伸，不用则不伸，鬼而归之，仍乎神矣。死生同条，而善吾生者即善吾死。伸者天之化，归者人之能，君子尽人以合天，所以为功于神也。敔按：全而归之者，必全而后可谓之归也，故曰归者人之能。

气于人，生而不离，死而游散者谓魂；聚成形质，虽死而不散者谓魄。

可以受聪明觉了之灵者，魄也；其不可受者，形也。嗜欲之性，皆魄之所攻取也，但魄离之则不能发其用尔。魄虽不遽散，而久亦归于土，其余气上蒸，亦返于虚，莫非气之聚，则亦无不归于气也。敔按：本文所谓不散者，非终不散也。

海水凝则冰，浮则沤；然冰之才，沤之性，其存其亡，海不得而与焉。推是足以究死生之说。

冰有质，故言才；沤含虚，故言性。不得而与，谓因乎气之凝浮，海不能有心为之也。凝聚而生，才性成焉；散而亡，则才性仍反于水之神。此以喻死生同于太虚之中，君子俟命而不以死为忧，尽其才，养其性，以不失其常尔。伊川程子改「与」为「有」，义未详。

有息者根于天，

息，呼吸也。动物受天气之动几。

不息者根于地。

植物受地气之静化。

根于天者不滞于用，

视听持行可以多所为。天气载神，故灵。

根于地者滞于方，

离土则槁矣。地气化形，故顽。

此动植之分也。

人者动物，得天之最秀者也，其体愈灵，其用愈广。

生有先后，所以为天序；小大高下相并而相形焉，是谓天秩。

少长有等，老稚殊用，别于生之先后也。高下，以位言；小大，以才量言；相形而自著者也。秩序，物皆有之而不能喻；人之良知良能，自知长长、尊尊、贤贤，因天而无所逆。

天之生物也有序，

其序之也亦无先设之定理，而序之在天者即为理。

物之既形也有秩。

小大高下分矣，欲逾越而不能。

知序然后经正，

经即义也。敬长为义之实，推而行之，义不可胜用矣。

知秩然后礼行。

尊尊、贤贤之等杀，皆天理自然，达之而礼无不中矣。秩序人所必由，而推之使通，辨之使精，则存乎学问，故博文约礼为希天之始教。

凡物能相感者，鬼神施受之性也；

魄丽于形，鬼之属；魂营于气，神之属；此鬼神之在物者也。魄主受，魂主施，鬼神之性情也。物各为一物，而神气之往来于虚者，原通一于絪緼之气，故施者不吝施，受者乐得其受，所以同声相应，同气相求，琥珀拾芥，磁石引铁，不知其所以然而感。圣人感人心而天下和平，亦惟其固有可感之性也。

不能感者，鬼神亦体之而化矣。

成形成质有殊异而不相逾者，亦形气偶然之偏戾尔。及其诚之已尽，亦无不同归之理。盖其始也皆一气之伸，其终也屈而归于虚，不相悖害，此鬼神合万汇之往来于一致也。存神者与鬼神合其德，则舞干而苗格，因垒而崇降，不已于诚，物无不体矣。如其骄吝未化，以善恶、圣顽相治而相亢，诚息而神不存，则可感者且相疑贰，而况不能相感者乎！

物无孤立之理，非同异、屈伸、终始以发明之，则虽物非物也。

凡物，非相类则相反。易之为象，乾坤坎离颐大过中孚小过之相错，余卦二十八象之相综，物象备矣。错者，同异也；综者，屈伸也。万物之成，以错综而成用。或同者，如金铄而肖水、木灰而肖土之类；或异者，如水之寒、火之热、鸟之飞、鱼之潜之类。或屈而鬼，或伸而神，或屈而小，或伸而大，或始同而终异，或始异而终同，比类相观，乃知此物所以成彼物之利。金得火而成器，木受钻而生火，惟于天下之物知之明，而合之，离之，消之，长之，乃成吾用。不然，物各自物，而非我所得用，非物矣。

事有始卒乃成，非同异有无相感，则不见其成；不见其成，则虽物非物。

事之所由成，非直行速获而可以永终。始于劳者终于逸，始于难者终于易，始于博者终于约，历险阻而后易简之德业兴焉。故非异则不能同，而百虑归于一致；非同则不能异，而一理散为万事。能有者乃能无，积之厚而后散之广；能无者乃能有，不讳屈而后可允伸。故曰「尺蠖之屈以求伸，龙蛇之蛰以全身」。若不互相资以相济，事虽幸成，且不知其何以成，而居之不安，未能自得，物非其物矣。

故一（「一」当作「曰」，传写之讹。）「屈伸相感而利生焉」。

凡天下之物，一皆阴阳往来之神所变化。物物有阴阳，事亦如之。其小大、吉凶、善恶之形，知其所屈，而屈此者可以伸彼，知其所伸，而伸者必有其屈；以同相辅，以异相治，以制器而利天下之用，以应事而利（彼）〔攸〕〔一〕往之用，以俟命而利修身之用，存乎神之感而已。神者，不滞于物而善用物者也。

〔一〕「攸」字依文义改。

独见独闻，虽小异，怪也，出于疾与妄也；共见共闻，虽大异，诚也，出阴阳之正也。

目眚则空中生华，风眩则蝉鸣于耳，虽事所可有，而以无为有，非其实也。妄人之说，不仰观俯察，鉴古知今，而唯挟偶然意见所弋获，而据为道教与之同也。疾风迅雷，非常之甚矣，而共见共闻，阴阳之正，运于太虚，人不能察尔。放君伐暴，成非常之事，制礼作乐，极非常之观，皆体阴阳必然之撰，晓然与天下后世正告之而无思不服。

贤才出，国将昌；子孙才，族将大。

神气先应之也。于此可征鬼神之不掩。

人之有(思)〔息〕，盖刚柔相摩、乾坤阖辟之象也。

一屈一伸，交相为感，人以之生，天地以之生人物而不息，此阴阳之动几也。动而成乎一动一静，然必先有乾坤刚柔之体，而后阖辟相摩，犹有气而后有呼吸。

寤，形开而志交诸外也；梦，形闭而气专乎内也。

开者，伸也；闭者，屈也。志交诸外而气舒，气专于内而志隐，则神亦藏而不灵。神随志而动止者也。

寤所以知新于耳目，梦所以缘旧于习心。

开则与神化相接，耳目为心效日新之用；闭则守耳目之知而困于形中，习为主而性不能持权。故习心之累，烈矣哉！

医谓饥梦取，饱梦与，凡寤梦所感，专语气于五藏之变，容有取焉尔。

形闭而神退听于形，故五脏之形有欣厌，心亦随之而结为妄，形滞而私故也。形为神用则灵，神为形用则妄。

声者，形气相轧而成。

触而相迫曰轧。

两气者，谷响雷声之类；

锐往之气与空中固有之气相触而成也。

两形者，桴鼓叩击之类。

两形相触也。然运桴而气亦随之，迫于鼓而发声，则亦无非气也。声之洪纤者，形之厚薄疏密，其气亦殊感。

形轧气，羽、扇、敲矢之类；

敲，音雹〔一〕，鸣镝也。三者形破气，气为之鸣。

气轧形，人声笙簧之类。

气出而唇舌、匏竹敛之纵之以激成响，气发有洪纤，体有通塞之异，而气之舒疾宣鬱亦异。

是皆物感之良能，人皆习之而不察者尔。

不感则寂，感则鸣，本有可鸣之理，待动而应之必速。良能，自然之动几也。

形也，声也，臭也，味也，温凉也，动静也，六者莫不有五行之别，同异之变，皆帝则之必察者与！

温凉，体之觉；动静，体之用。五行之神未成乎形者，散寄于声色臭味气体之中，人资以生而为人用；精而察之，条理具，秩叙分焉，帝载之所以信而通也。知天之化，则于六者皆得其所以然之理而精吾义，然亦得其意而利用，而天理之当然得矣。若一一分析以配

〔一〕「敲」无「雹」音。「敲」庄子作「嚆」，嚆矢即鸣镝。集韵「嚆」同音有「笣」字，「雹」疑「笣」字之误。

合于法象，则多泥而不通。张子约言之而邵子博辨之，察帝则以用物，以本御末也，观物象以推道，循末以测本也，此格物穷理之异于术数也。

诚明篇

前篇统人物而言，原天所降之命也；此篇专就人而发，性之蕴于人所受而切言之也。中庸曰「天命之谓性」，为人言而物在其中，则谓统人物而言之可也。又曰「率性之谓道」，则专乎人而不兼乎物矣。物不可谓无性，而不可谓有道，道者人物之辨，所谓人之所以异于禽兽也。故孟子曰「人无有不善」，专乎人而言之，善而后谓之道；泛言性，则犬之性，牛之性，其不相类久矣。尽物之性者，尽物之理而已。虎狼噬人以饲其子，而谓尽父子之道，亦率虎狼之性为得其道而可哉？禽兽，无道者也；草木，无性者也；唯命，则天无心无择之良能，因材而笃，物得与人而共者也。张子推本神化，统动植于人而谓万物之一源，切指人性，而谓尽性者不以天能为能，同归殊涂，两尽其义，乃此篇之要旨。其视程子以率性之道为人物之偕焉者，得失自晓然易见；而抉性之藏，该之以诚明，为良知之实，则近世窃释氏之沈，以无善无恶为良知者，其妄亦不待辨而自辟。学者欲知性以存养，所宜服膺也。

诚明所知，乃天德良知，

仁义，天德也。性中固有之而自知之，无不善之谓良。

非闻见小知而已。

行所不逮，身所不体，心所不喻，偶然闻一师之言，见一物之机，遂自以为妙悟，小知之所以贼道。

天人异用，不足以言诚；

理，天也；意欲，人也。理不行于意欲之中，意欲有时而逾乎理，天人异用也。

天人异知，不足以尽明。

因理而体其所以然，知以天也；事物至而以所闻所见者证之，知以人也。通学识之知于德性之所喻而体用一源，则其明自诚而明也。

所谓诚明者，性与天道，不见乎小大之别也。

通事物之理、闻见之知与所性合符，达所性之德与天合德，则物无小大，一性中皆备之理。性虽在人而小，道虽在天而大，以人知天，体天于人，则天在我而无小大之别矣。

义命合一存乎理，

义之所在即安之为命，唯贞其常理而已。

仁智合一存乎圣，

天德本合，徇其迹者或相妨也。圣人与时偕行，至仁非柔，大智非察，兼体仁智而无仁智之名。如舜好问好察，智也，隐恶扬善，仁也，合于一矣。

动静合一存乎神，

静动异而神之不息者无间。圣能存神，则动而不离乎静之存，静而皆备其动之理，敦诚不息，则化不可测。

阴阳合一存乎道，

太和所谓道，阴阳具而无倚也。

性与天道合一存乎诚。

诚者，神之实体，气之实用，在天为道，命于人为性，知其合之谓明，体其合之谓诚。

天所以长久不已之道，乃所谓诚。

气化有序而亘古不息，惟其实有此理也。

仁人孝子所以事天成身，不过不已于仁孝而已。

实知之，实行之，〔必欲得其心所不忍不安，〕终身之慕，终食之无违，信之笃也。

故君子诚之为贵。

有不诚，则乍勇于为而必息矣；至诚则自不容已。而欲致其诚者，惟在于操存勿使间断，己百己千，勉强之熟而自无不诚矣。此章直指立诚之功，特为深切著明，尤学者之所宜加勉。

诚有是物，则有终有始；

天道然也。生之必成之，四时序而百物成。

伪实不有，何终始之有！故曰「不诚无物」。

人为之伪，意起而为之，意尽而止，其始无本，其终必忒。物，谓事也；事不成之谓无物。

「自明诚」，由穷理而尽性也；「自诚明」，由尽性而穷理也。

存养以尽性，学思以穷理。

性者，万物之一源，非有我之得私也。

性以健顺为体，本太虚和同而化之理也，由是而仁义立焉。随形质而发其灵明之知，则彼此不相知而各为一体，如源之分流矣；恃灵明之知发于耳目者为己私智，以求胜于物，逐流而忘源矣。

惟大人为能尽其道，是故立必俱立，知必周知，爱必兼爱，成不独成。

能安其所处为立，各效其材以有用为成。

彼自蔽塞而不知顺吾理者，则亦(莫)〔末〕如之何矣。

己私成，则虽有至教，不能移矣。

此章统万物于一源，溯其始而言之，固合人物而言；而曰立，曰成，则专乎人之辞尔。知之必有详略，爱之必有区别，理一分殊，亦存乎其中矣。亲疏贵贱之不同，所谓顺理也；虽周知博爱而必顺其理，盖自天命以来，秩叙分焉。知其一源，则必知其分流，故穷理尽性，交相为功，异于墨、释之教，漫灭天理之节文而谓会万物于一己也。

天能为性；人谋为能。

天能者，健顺五常之体；人谋者，察识扩充之用也。

大人尽性，不以天能为能而以人谋为能，

大人不失其赤子之心，而非孤守其恻隐、羞恶、恭敬、自然之觉，必扩而充之以尽其致，一如天之阴阳有实，而必于阖辟动止神运以成化，则道弘而性之量尽矣，盖尽心为尽性之实功也。

故曰「天地设位，圣人成能」。

天地有其理，诚也；圣人尽其心，诚之者也。

尽性，然后知生无所得，

非己之私得。

则死无所丧。

理明义正而道不缺，气正神清而全归于天，故君子之生，明道焉尔，行道焉尔，为天效动，死则宁焉。丧者，丧其耳目口体，而神无损也。

未尝无之谓体，体之谓性。

无则不可为体矣。人有立人之体，百姓日用而不知尔，虽无形迹而非无实；使其无也，则生理以何为体而得存邪？仁之于父子，义之于君臣，用也；用者必有体而后可用，以此体为仁义之性。

天所性者通极于道，

天所命人而为性者，即以其一阴一阳之道成之。即一非二曰通，此外无杂曰极。人生莫不有性，皆天道也，故仁义礼智与元亨利贞无二道。

气之昏明不足以蔽之；

禀气有昏明，则知能有偏全，而一曲之诚即天之诚，故「乍见孺子」之仁，「无受尔汝」之义，必发于情，莫能终蔽也。

天所命者通(气)〔极〕于性，

命以吉凶寿夭言。以人情度之，则有厚于性而薄于命者，而富贵、贫贱、夷狄、患难，皆理之所察。予之以性，即予之以顺受之道，命不齐，性无不可尽也。

遇之吉凶不足以戕之；

性存而道义出，穷通夭寿，何至戕其生理。

不免乎蔽之戕之者，未之学也。

任其质而不通其变，惟学有未至，故其端发见而不充，吉凶杂至而失其素。

性通乎气之外，命行乎气之内。气无内外，假有形而言尔。

人各有形，形以内为吾气之区宇，形以外吾之气不至焉，故可立内外之名。性命乎神，天地万物函之于虚灵而皆备，仁可以无不达，义可以无不行，气域于形，吉凶祸福止乎其身尔。然则命者私也，性者公也，性本无蔽，而命之戕性，惟不知其通极于性也。

故思知人不可不知天，尽其性然后能至于命。

知人，知人道也；知天，知天性也。知性之合于天德，乃知人性之善，明者可诚而昏皆可明；性尽，则无所遇而不可尽吾性之道。由是而知命之通极于性，与天之命我，吉凶无心而无非顺正者同其化矣。

知性知天，则阴阳鬼神皆吾分内尔。

知性者，知天道之成乎性；知天者，即性而知天之神理。知性知天，则性与天道通极于一，健顺相资，屈伸相感，阴阳鬼神之性情，皆吾所有事，而为吾职分之所当修者矣。

天性在人，正犹水性之在冰，凝释虽异，为物一也；

未生则此理在太虚为天之体性，已生则此理聚于形中为人之性，死则此理气仍返于太虚，形有凝释，气不损益，理亦不杂，此所谓通极于道也。敔按：朱子谓冰水之喻近释，以朱、张论聚散之本体不同也。说详太和篇注中。

受光有小大昏明，其照纳不二也。

此亦以水喻性。形之受性，犹水之受光。水以受光为性，人以通理为性，有小大、昏明者，气禀尔；而曲者可致，浊者可澄，其性本能受也，在学以明善而复初尔。此所谓气有昏明不足以蔽之。

天良能本吾良能，顾为有我所丧尔。张子自注：明天人之本无二。

体天之神化，存诚尽性，则可备万物于我。有我者，以心从小体，而执功利声色为己得，则迷而丧之尔。孟子言良知良能，而张子重言良能。盖天地以神化运行为德，非但恃其空晶之体；圣人以尽伦成物为道，抑非但恃其虚灵之悟。故知虽良而能不逮，犹之乎弗知。近世王氏之学，舍能而孤言知，宜其疾入于异端也。

上达反天理，下达徇人欲者与！

反天理，则与天同其神化；徇人欲，则其违禽兽不远矣。

性，其总合两也；

天以其阴阳五行之气生人，理即寓焉而凝之为性。故有声色臭味以厚其生，有仁义礼智以正其德，莫非理之所宜。声色臭味，顺其道则与仁义礼智不相悖害，合两者而互为体也。

命，其受有则也；

厚生之用，有盈有诎，吉凶生死因之，此时位之不齐，人各因所遇之气而受之。百年之内，七尺之形，所受者止此，有则而不能过。

不极总之要，则不至受之分。

极总之要者，知声色臭味之则与仁义礼智之体合一于当然之理。当然而然，则正德非以伤生，而厚生者期于正德。心与理一，而知吾时位之所值，道即在是，穷通寿夭，皆乐天而安土矣。若不能合一于理，而吉凶相感，则怨尤之所以生也。

尽性穷理而不可变，乃吾则也。

性无所不可尽，故舜之于父子，文王之于君臣，极乎仁义而无不可尽。唯其于理无不穷，故吉凶生死，道皆行焉，所遇者变而诚不变，吾之则无往而非天则，非若命之有则，唯所受而不能越也。

天所自不能已者谓命，不能无感者谓性。

万类灵顽之不齐，气运否泰之相乘，天之神化广大，不能择其善者而已其不善者；故君子或穷，小人或泰，各因其时而受之。然其所受之中，自有使人各得其正之理，则生理之良能自感于伦物而必动，性贯乎所受不齐之中而皆可尽，此君子之所以有事于性，无事于命也。

虽然，圣人犹不以所可忧而同其无忧者，有相之道存乎我也。

君子有事于性，无事于命，而圣人尽性以至于命，则于命不能无事焉。天广大而无忧，圣人尽人道，不可同其无忧，故顽嚚必格，知其不可而必为。是以受人之天下而不为泰，匹夫行天子之事而不恤罪我，相天之不足，以与万物合其吉凶，又存乎尽性之极功，而合两所以协一也。

湛一，气之本；

太虚之气，无同无异，妙合而为一，人之所受即此气也。故其为体，湛定而合一，湛则物无可挠，一则无不可受。学者苟能凝然静存，则湛一之气象自见，非可以闻见测知也。

攻取，气之欲。

物而交于物，则有同有异而攻取生矣。

口腹于饮食，鼻舌于臭味，皆攻取之性也。

气之与神合者，固湛一也，因形而发，则有攻取，以其皆为生气自然之有，故皆谓之性。生以食为重，故言饮食臭味以该声色货利。

知德者属厌而已，

性有之，不容绝也。知德者知吾所得于天之不〔专〕系于此，则如其量以安其气而攻取息。

不以嗜欲累其心，不以小害大、末丧本焉尔。

心者，湛一之气所含。湛一之气，统气体而合于一，故大；耳目口体成形而分有司，故小。是以鼻不知味，口不闻香，非其所取则攻之；而一体之间，性情相隔，爱恶相违，况外物乎。小体，末也，大体，本也。

心能尽性，「人能弘道」也；性不知检其心，「非道弘人」也。

天理之自然，为太和之气所体物不遗者为性；凝之于人而函于形中，因形发用以起知能者为心。性者天道，心者人道，天道隐而人道显；显，故充恻隐之心而仁尽，推羞恶之心而义尽。弘道者，资心以效其能也。性则与天同其无为，不知制其心也；故心放而不存，不可以咎性之不善。

尽其性，能尽人物之性；至于命者，亦能至人物之命；牛之穿而耕，马之络而乘，蚕之缲而丝，木之伐而薪，小人之劳力以养君子，效死以报君国，岂其性然哉？其命然尔。至于命，则知命以乐天，取于人物者有节不淫，而杀生皆敦乎仁，立命以相天治。夫人物者，裁成有道，而茂对咸若其化，人物之命皆自我而顺正矣。

莫不性诸道，命诸天。敔按：性诸道，言人物之性莫非道；命诸天，言人物之命莫非天。上智下愚，有昏明而无得丧，禽兽于人，有偏全而无违离。知〔其〕〔一〕皆性诸道，故取诸人以为善，圣不弃愚，观于物以得理，人不弃物。知其皆命诸天，则秩叙审而亲疏、上下各得其理，节宣时而生育、肃杀各如其量。圣人所以体物不遗，与鬼神合其吉凶，能至人物之命也。

〔一〕「其」字依下文「知其皆命诸天」句补。

我体物未尝遗，物体我知其不遗也。敌按：物体我，犹言物以我为体。

能体物，则人物皆以我为体，不能离我以为道，必依我之绥以为来，动以为和，九族睦，百姓昭，黎民变，鸟兽草木咸若，物无有能遗我者。

至于命，然后能成己成物，不失其道。

己无不诚，则循物无违而与天同化，以人治人，以物治物，各顺其受命之正，虽不能知者皆可使由，万物之命自我立矣。所以然者，我与人物莫不性诸道，命诸天，无异理也。

以生为性，既不通昼夜之道，且人与物等，故告子之妄不可不诋。

知觉运动，生则盛，死则无能焉。性者，天理流行，气聚则凝于人，气散则合于太虚，昼夜异而天之运行不息，无所谓生灭也。如告子之说，则性随形而生灭，是性因形发，形不自性成矣。曰性善者，专言人也，故曰「人无有不善」。犬牛之性，天道广大之变化也，人以为性，则无所不为矣。

性于人无不善，

乾道变化，各正性命，理气一源而各有所合于天，无非善也。而就一物言之，则不善者多矣，唯人则全具健顺五常之理。善者，人之独也。

系其善反不善反而已；

攻取之气，逐物而往，恒不知反。善反者，应物之感，不为物引以去，而敛之以体其湛一，则天理著矣。此操存舍亡之几也。

过天地之化，不善反者也。

食色以滋生，天地之化也，如其受命之则而已。恃其攻取之能而求盈，则湛一之本，迷而不复。

命于人无不正，

天有生杀之时，有否泰之运，而人以人道受命，则穷通祸福，皆足以成仁取义，无不正也。

系其顺与不顺而已；

尽其道而生死皆顺也，是以舜受尧之天下，若固有之，孔子畏于匡，厄于陈、蔡而无忧。

行险以侥幸，不顺命者也。

故必尽性而后可至于命。

形而后有气质之性，

气质者，气成质而质还生气也。气成质，则气凝滞而局于形，取资于物以滋其质；质生气，则同异攻取各从其类。故耳目口鼻之气与声色臭味相取，亦自然而不可拂违，此有形而始然，非太和絪缊之气、健顺之常所固有也。旧说以气质之性为昏明强柔不齐之品，与程子之说合。今按张子以昏明强柔得气之偏者，系之才而不系之性，故下章详言之。而此言气质之性，盖孟子所谓耳目口鼻之于声色臭味者尔。盖性者，生之理也。均是人也，则此与生俱有之理，未尝或异；故仁义礼智之理，下愚所不能灭，而声色臭味之欲，上智所不能废，俱可谓之为性。而或受于形而上，或受于形而下，在天以其至仁滋人之生，成人之善，初无二理。但形而上者为形之所自生，则动以清而事近乎天；形而后有者资形起用，则静以浊而事近乎地。形而上者，亘生死、通昼夜而常伸，事近乎神；形而后有者，困于形而固将竭，事近乎鬼；则一屈一伸之际，理与欲皆自然而非由人为。故告子谓食色为性，亦不可谓为非性，而特不知有天命之良能尔。若夫才之不齐，则均是人而差等万殊，非合两而为天下所大总之性；性则统乎人而无异之谓。

善反之则天地之性存焉。

天地之性，太和絪缊之神，健顺合而无倚者也。即此气质之性，如其受命之则而不过，勿放其心以徇小体之攻取，而仁义之良能自不可掩。盖仁义礼智之丧于己者，类为声色臭味之所夺，不则其安佚而惰于成能者也。制之有节，不以从道而奚从乎！天地之性原存而未去，气质之性亦初不相悖害，屈伸之间，理欲分驰，君子察此而已。

故气质之性，君子有弗性者焉。

弗性，不据为己性而安之也。

此章与孟子之言相为发明，而深切显著，乃张子探本穷归之要旨，与程子之言自别，读者审之。

人之刚柔、缓急，有才与不才，气之偏也。

昏明、强柔、敏钝、静躁，因气之刚柔、缓急而分，于是而智愚、贤不肖若自性成，故荀悦、韩愈有三品之说，其实才也，非性也。性者，气顺理而生人，自未有形而有形，成乎其人，则固无恶而一于善，阴阳健顺之德本善也。才者，成形于一时升降之气，则耳目口体不能如一，而聪明干力因之而有通塞、精粗之别，乃动静、阖辟偶然之机所成也。性借才以成用，才有不善，遂累其性，而不知者遂咎性之恶，此古今言性者，皆不知才性各有从来，而以才为性尔。商臣之蠭目豺声，才也，象之傲而见舜则忸怩，性也；舜能养象，楚頵不能养商臣尔。居移气，养移体，气体移则才化，若性则不待移者也。才之美者未必可以作圣，才之偏者不迷其性，虽不速合于圣，而固舜之徒矣。程子谓天命之性与气质之性为二，其所谓气质之性，才也，非性也。张子以耳目口体之必资物而安者为气质之性，合于孟子；而别刚柔缓急之殊质者为才，性之为性乃独立而不为人所乱。盖命于天之谓性，成于人之谓才，静而无为之谓性，动而有为之谓才。性不易见而才则著，是以言性者但言其才而性隐。张子辨性之功大矣哉！敔按：动而有为之谓才，才，所谓心之官。心之体为性，心之用为情，心之官为才。

天本参和不偏。养其气，反之本而不偏，则尽性而天矣。

天与性一也，天无体，即其资始而成人之性者为体。参和，太极、阴、阳，三而一也。气本参和，虽因形而发，有偏而不善，而养之以反其本，则即此一曲之才，尽其性而与天合矣。养之，则性现而才为用；不养，则性隐而惟以才为性，性终不能复也。养之之道，沈潜柔友刚克，高明强弗友柔克。教者，所以裁成而矫其偏。若学者之自养，则惟尽其才于仁义中正，以求其熟而扩充之，非待有所矫而后可正。故教能止恶，而诚明不倚于教，人皆可以为尧、舜，人皆可以合于天也。

性未成则善恶混，故亹亹而继善者，斯为善矣。

成，犹定也，谓一以性为体而达其用也。善端见而继之不息，则终始一于善而性定矣。盖才虽或偏，而性之善者不能尽掩，有时而自见；惟不能分别善者以归性，偏者以归才，则善恶混之说所以疑性之杂而迷其真。继善者，因性之不容掩者察识而扩充之，才从性而纯善之体现矣，何善恶混之有乎！

恶尽去则善因以亡，故舍曰「善」而曰「成之者性」。

恶尽去，谓知性之本无恶，而不以才之偏而未丧者诬其性也。善恶相形而著，无恶以相形，则善之名不立，故易言「继之者善，成之者性」，分言之而不曰性善，反才之偏而恰合于人，以其可欲而谓之善矣。善者，因事而见，非可以尽太和之妙也。抑考孟子言天之降才不殊，而张子以才为有偏，似与孟子异矣。盖陷溺深，则习气重而并屈其才，陷溺未深而不知存养，则才伸而屈其性。故孟子又言「为不善非才之罪」，则为善亦非才之功可见。是才者性之役，全者不足以为善，偏者不足以为害，故困勉之成功，均于生安。学者当专于尽性，勿恃才之有余，勿诿才之不足也。

德不胜气，性命于气；德胜其气，性命于德。

继善而得其性之所固有曰德。此言气者，谓偏气成形，而气即从偏发用者也。胜气者，反本而化其偏也。德不至而听才气之所为，则任其一偏之为，而或迪或逆，善恶混而吉凶亦无据矣。以善之纯养才于不偏，则性焉安焉于德，而吉无不利，则皆德之所固有，此至于命而立命也。

穷理尽性，则性天德，命天理，

与天同德，则天之化理在我矣。

气之不可变者，独死生修夭而已。

气成乎形，体之强弱形，则凝滞而不可变，故跖寿而颜夭。

故论死生则曰「有命」，以言其气也；

形气之厚薄不可变也。

语富贵则曰「在天」，以言其理也。

理御气而可变者也。

此大德所以必受命，易简理得而成位乎天地之中也。

易简，乾、坤之德，所谓天德。成位乎中者，君师天下而参赞天地。

所谓天理也者，能悦诸心，能通天下之志之理也。能使天下悦且通，则天下必归焉。

天之聪明，自民能通天下之志而悦之，人归即天与，此天命之实，理固然也。

不归焉者，所乘所遇之不同，如仲尼与继世之君也。

仲尼不遇尧、舜之荐，无可乘之权，故德不加于天下，民不知归；而继世之君，非桀、纣之无道，尚能有其位。

「舜、禹有天下而不与焉」者，正谓天理驯致，非气禀当然，非志意所与也。

舜、禹未尝受天子之命于初生之气禀，唯以德驯致之，穷理尽性而命即理，于斯著矣。然理至而命自至，固无欲得之心，自无或爽之命，理则然也。

「必曰舜、禹」云者，〔余〕非乘势则求焉者也。

继世之君乘势而有天下，命乎气也。汤、武则未尝无求之之心，非与天通理，故可曰俟命而不可曰至于命。有天下而不与，则以德驯致而无心，所以合一于神化。此明天子之位，舜、禹能以其德驯致，则吉凶、祸福何不自我推移，而特非有心为善以徼福者之所能与也。

利者为神，滞者为物。

皆气之为也。其本体之清微者，无(性)〔往〕而不通，不疾而速；及其聚而成象，又聚而成形，则凝滞而难于推致矣。

是故风雷有象，不速于心；心御见闻，不弘于性。

风雷无形而有象，心无象而有觉，故一举念而千里之境事现于俄顷，速于风雷矣。心之情状虽无形无象，而必依所尝见闻者以为影质，见闻所不习者，心不能现其象。性则（统）〔纯〕乎神理，凡理之所有，皆性之所函，寂然不动之中，万象赅存，无能御也。是以天之命，物之性，本非志意所与；而能尽其性，则物性尽，天命至，有不知其所以然者而无不通。盖心者，翕辟之几，无定者也；性者，合一之诚，皆备者也。

上智下愚，习与性相远既甚而不可变者也。

气之偏者，才与不才之分而已；无有人生而下愚，以终不知有君臣父子之伦及穿窬之可羞者。世教衰，风俗坏，才不逮者染于习尤易，遂日远于性而后不可变，象可格而商臣终于大恶，习远甚而成乎不移，非性之有不移也。

纤恶必除，善斯成性矣；察恶未尽，虽善必粗矣。

性无不善，有纤芥之恶，则性即为蔽，故德之已盛，犹加察于几微；此虞书于精一执中之余，尤以无稽、弗询为戒，为邦于礼明乐备之后，必于郑声、佞人致谨也。心无过而身犹有之，则不能纯粹以精，以成乎性焉安焉之圣德也。

「不识不知，顺帝之则」，有思虑识知，则丧其(大)〔天〕矣。

思虑者，逆诈、亿不信之小慧；识知者，专己保残之曲学。天即理也，私意虽或足以知人而成事，而不能通于天理之广大，与天则相违者多矣。张子此言，与老、释相近而所指者不同，学者辨之。

「君子所性」，与天地同流，异行而已焉。

一于天理之自然，则因时合义，无非帝则矣。异行者，裁成天地之道，辅相天地之宜，自成其能也。

「在帝左右」，察天理而左右也。

无不在之谓察。左右者，与时偕行而无所执也。

天理者，时义而已。

理者，天所昭著之秩序也。时以通乎变化，义以贞其大常，风雨露雷无一成之期，而寒暑生杀终于大信。君子之行藏刑赏，因时变通而协于大中，左宜右有，皆理也，所以在帝左右也。

君子教人，举天理以示之而已；其行己也，述天理而时措之也。

小慧所测，记问所得，不恃以为学诲，所明者一以其诚而已。诚者，天理之实然，无人为之伪也。

和乐，道之端乎！

和者于物不逆，乐者于心不厌，端，所自出之始也。道本人物之同得而得我心之悦者，故君子学以致道，必平其气，而欣于有得，乃可与适道；若操一求胜于物之心而视为苦难，早与道离矣。下章言诚言敬，而此以和乐先之。非和乐，则诚敬局隘而易于厌倦；故能和能乐，为诚敬所自出之端。

和则可大，乐则可久；天地之性，久大而已矣。

不气矜以立异，则时无不可行，物无不可受；不疲形以厌苦，则终食无违，终身不去。和乐者，适道之初心，而及其至也，则与天地同其久大矣。性，体性也；太虚之体，絪緼太和，是以聚散无恒而不穷于运。孔子之学不厌，教不倦，人皆可学而不能几，唯其用情异也。

莫非天也，

耳目口体之攻取，仁义礼智之存发，皆自然之理，天以厚人之生而立人之道者也。

阳明胜则德性用，阴浊胜则物欲行。

阳动而运乎神，阴静而成乎形，神成性，形资养，凡物欲之需，皆地产之阴德，与形相滋益者也。气动而不凝滞于物，则怵惕恻隐之心无所碍而不穷于生；贪养不已，驰逐物欲，而心之动几息矣。

领恶而全好者，其必由学乎！

好善恶恶，德性也；领者，顺其理而挈之也。阳明之德，刚健而和乐，阴浊则荏苒而贼害以攻取于物，欲澄其浊而动以清刚，则不可以不学。学者用神而以忘形之累，日习于理而欲自遏，此道问学之所以尊德性也。

不诚不庄，可谓之尽性穷理乎？

释氏以天理为幻妄，则不诚；庄生以逍遥为天游，则不庄；皆自谓穷理尽性，所以贼道。

性之德也未尝伪且慢，故知不免乎伪慢者，未尝知其性也。

性受于天理之实然，何伪之有！虽居静而函万化以不息，何慢之有！若王介甫之杂机巧，苏子瞻之好骄乐，皆自言知性，所知者释氏、庄生之所谓性也，恍惚无实而徜徉自废之浮气也。居处恭，执事敬，与人忠，乃以体性之诚；心恒存而性显，则不待推求而知之眞矣。

勉而后诚庄，非性也。

勉强则志困而气疲，求其性焉安焉，未能也。

不勉而诚庄，所谓「不言而信，不怒而威」者与！

勉者存其迹，不勉者存其神；存神之至，与天地同其信威。中庸言勉强则成功一，而张子以勉为非性，似过高而不切于学者。乃释此篇之旨，先言和乐而后言诚庄，则学者适道之始，必以和乐之情存诚而庄莅，然后其为诚庄也可继，驯而致之，圣人之至善合天，不越乎此。盖中庸所言勉强者，学问思辨笃行之功，固不容已于勉强；而诚庄乃静存之事，勉强则居之不安而涉于人为之偏。且勉强之功，亦非和乐则终不能勉；养蒙之道，通于圣功，苟非其本心之乐为，强之而不能以终日。故学者在先定其情，而教者导之以顺。古人为教，先以勺、象，其此意欤！

生直理顺，则吉凶莫非正也。

义不当死，则慎以全身，义不可生，则决于致命，直也。气常伸而理不可屈，天所命人之正者此也。

不直其生者，非幸福于回，则免难于苟也。

处安平而枉以幸福，必临难而苟于求免。凭气数之偶然，幸而得福者有矣；以正言之，刑戮之民尔。

「屈伸相感而利生」，感以诚也；

屈则必伸，伸则必屈，善其屈以裕其伸，节其伸所以安其屈，天地不息之诚，太和不偏之妙也。人能以屈感伸，敛华就实，而德自著；以伸感屈，善其得者善其丧，皆体天地自然之实理，修身俟命而富贵不淫，贫贱不屈，夭寿不贰，用无不利矣。

「情伪相感而利害生」，杂之伪也。

情，实也。事之所有为情，理之所无为伪。事可为而即为，而不恤其非理之实，以事起事，以名邀名，以利计利，则虽事或实然，而杂之以妄，幸而得利，害亦伏焉。

至诚则顺理而利，伪则不循理而害。顺性命之理，则所谓吉凶，莫非正也；逆理则凶为自取，吉其险幸也。

诚者，吾性之所必尽，天命之大常也。顺之则虽凶而为必受之命，逆则虽幸而得吉，险道也，险则未有不危者。故比干死而不与恶来同其诛，曹丕、司马昭虽窃大位而祸延于世，不可以屈伸之数，幸事之或有而不恤理之本无也。

此章释易传之旨而决之于义利之分，为天道物理之恒，人禽存去之防，其言深切。学者近取而验吾心应感之端，决之于几微，善恶得失，判为两途，当无所疑矣。

「莫非命也，顺受其正。」顺性命之理，则得性命之正；灭理穷欲，人为之招也。

性命之理本无不正，顺之，则当其伸而自天佑之，当其屈而不愧于天。若灭理穷欲以侥幸者，非其性之本然，命之当受，为利害之感所摇惑而致尔。

张子正蒙注卷四

衡阳王夫之撰

大心篇

此上六篇，极言天人神化性命之理；自此以下三篇，乃言学者穷理精义之功。明乎道之所自出，则功不妄，反诸学之所必务，则理不差，君子之道所以大而有实也。此篇乃致知之要，下二篇乃笃行之实，知之至而后行无不得，又学者知止之先资也。

大其心，则能体天下之物，物有未体，则心为有外。

大其心，非故扩之使游于荒远也；天下之物相感而可通者，吾心皆有其理，唯意欲蔽之则小尔。由其法象，推其神化，达之于万物一源之本，则所以知明处当者，条理无不见矣。天下之物皆用也，吾心之理其体也；尽心以循之，则体立而用自无穷。

世人之心，止于闻见之狭；圣人尽性，不以见闻梏其心，其视天下，无一物非我，

闻见，习也；习之所知者，善且有穷，况不善乎！尽性者，极吾心虚灵不昧之良能，举而与

天地万物所从出之理合而知其大始，则天下之物与我同源，而待我以应而成。故尽孝而后父为吾父，尽忠而后君为吾君，无一物之不自我成也；非感于闻见，触名思义，触事求通之得谓之知能也。

孟子谓尽心则知性知天以此。

朱子谓知性乃能尽心，而张子以尽心为知性之功，其说小异。然性处于静而未成法象，非尽其心以体认之，则偶有见闻，遂据为性之实然，此天下之言性者所以凿也。

天大无外，故有外之心，不足以合天心。

心不尽则有外，一曲乍得之知，未尝非天理变化之端，而所遗者多矣。

见闻之知，乃物交而知，非德性所知；

天下有其事而见闻乃可及之，故有尧，有象，有瞽瞍，有舜，有文王、幽、厉，有三代之民，事迹已著之余，传闻而后知，遂挟以证性，知为之梏矣。德性之知，循理而及其原，廓然于天地万物大始之理，乃吾所得于天而即所得以自喻者也。

德性所知，不萌于见闻。

萌者，所从生之始也。见闻可以证于知已知之后，而知不因见闻而发。德性诚有而自喻，如暗中自指其口鼻，不待镜而悉。

由象〔徇〕〔识〕心，徇象丧心。

物之有象，理即在焉。心有其理，取象而证之，无不通矣。若心所不喻，一由于象，而以之识心，则徇象之一曲而丧心之大全矣。故乍见孺子入井，可识恻隐之心，然必察识此心所从生之实而后仁可喻。若但据此以自信，则象在而显，象去而隐，且有如齐王全牛之心，反求而不得者矣。

知象者心，存象之心，亦象而已，谓之心，可乎？

知象者本心也，非识心者象也。存象于心而据之为知，则其知者象而已；象化其心而心唯有象，不可谓此为吾心之知也明矣。见闻所得者象也，知其器，知其数，知其名尔。若吾心所以制之之义，岂彼之所能昭著乎！

人谓己有知，由耳目有受也；

受声色而能知其固然，因恃为己知，而不察知所从生，陋矣。

人之有受，由内外之合也。

耳与声合，目与色合，皆心所翕辟之牖也，合，故相知；乃其所以合之故，则岂耳目声色之力哉！故與薪过前，群言杂至，而非意所属，则见如不见，闻如不闻，其非耳目之受而即合，明矣。

知合内外于耳目之外，则其知也过人远矣。

合内外者，化之神也，诚之几也。以此为知，则闻之见之而知之审，不闻不见而理不亡，事即不隐，此存神之妙也。

天之明莫大于日，故有目接之，不知其几万里之高也；天之声莫大于雷霆，故有耳属之，莫知其几万里之远也；天之不御莫大于太虚，故心知廓之，莫究其极也。

敔按：「几万里之远也」，「万」当作「百」。

言道体之无涯，以耳目心知测度之，终不能究其所至，故虽日之明，雷霆之声，为耳目所可听睹，而无能穷其高远；太虚寥廓，分明可见，而心知固不能度，况其变化难知者乎！是知耳目心知之不足以尽道，而徒累之使疑尔。心知者，缘见闻而生，其知非真知也。

人病其以耳目见闻累其心，而不务尽其心，

尽其心者，尽心之本知。

故思尽其心者，必知心所从来而后能。

心所从来者，日得之以为明，雷霆得之以为声，太虚絪縕之气升降之几也。于人，则诚有其性即诚有其理，自诚有之而自喻之，故灵明发焉；耳目见闻皆其所发之一曲，而函其全于心以为四应之眞知。知此，则见闻不足以累其心，而适为获心之助，广大不测之神化，无不达矣。此尽性知天之要也。

耳目虽为性累，然合内外之德，知其为启之〔之〕要也。

累者，累之使御于见闻之小尔，非欲空之而后无累也。内者，心之神，外者，物之法象；法象非神不立，神非法象不显。多闻而择，多见而识，乃以启发其心思而会归于一，又非徒恃存神而置格物穷理之学也。此篇力辨见闻之小而要归于此，张子之学所以异于陆、王之孤僻也。

成吾身者，天之神也。不知以性成身，而自谓因身发智，贪天功为己力，吾不知其知也。（「其知」之「知」，去声。）

身，谓耳目之聪明也。形色莫非天性，故天性之知，由形色而发。智者引闻见之知以穷理而要归于尽性；愚者限于见闻而不反诸心，据所窥测，恃为眞知。徇欲者以欲为性，耽空者以空为性，皆闻见之所测也。

民何知哉？因物同异相形，万变相感，耳目内外之合，贪天功而自谓己知尔。

形之所发，莫非天也；物变之不齐，亦莫非天也；两相攻取而顺逆之见生焉。若能知性知天，则一理之所贯通有眞是，而无待是非之两立以相比拟，因天理之固然而不因乎闻见，则无恃以自矜其察矣。待有幽、厉而始知文、武之民善，待乌喙之毒而始知菽粟之养乎？同异万变，倏得倏失，不足为知也，明矣。

体物体身，道之本也；

万物之所自生，万事之所自立，耳目之有见闻，心思之能觉察，皆与道为体。知道而后外能尽物，内能成身；不然，则徇其末而忘其本矣。

身而体道，其为人也大矣。

视听言动，无非道也，则耳目口体全为道用，而道外无徇物自恣之身，合天德而广大肆应矣。

道能物身，故大；不能物身而累于身，则藐乎其卑矣。

物身者，以身为物而为道所用，所谓以小体从大体而为大人也。不以道用其耳目口体之能，而从嗜欲以沈溺不反，从记诵以玩物丧志，心尽于形器之中，小人之所以卑也。

能以天体身，则能体物也不疑。

天不息而大公，一于神，一于理，一于诚也。大人以道为体，耳目口体无非道用，则入万物之中，推己即以尽物，循物皆得于己，物之情无不尽，物之才无不可成矣。

成心忘，然后可与〔进〕于道。张子自注：成心者，私意也。

成心者，非果一定之理，不可夺之志也。乍然见闻所得，未必非道之一曲，而不能通其感于万变，徇同毁异，强异求同，成乎己私，违大公之理，恃之而不忘，则执一善以守之，终身不复进矣。万世不易之常经，通万变而随时得中，学者即未能至，而不恃其习成之见，知有未至之境，则可与适道，而所未至者，皆其可至者也。

化则无成心矣。

大而化之，则心纯乎道。尽无方无体之理，自无成心。

成心者，意之谓与！

意者，心所偶发，执之则为成心矣。圣人无意，不以意为成心之谓也。盖在道为经，在心为志，志者，始于志学而终于从心之矩，一定而不可易者，可成者也。意则因感而生，因见闻而执同异攻取，不可恒而习之为恒，不可成者也。故曰学者当知志意之分。

无成心者，时中而已矣。

中无定在，而随时位之变，皆无过不及之差，意不得而与焉。

心存，无尽性之理，故圣不可知谓神。 张子自注：此章言心者，亦指私心为言也。

心存，谓成心未忘也。性为神之体而统万善，若以私意为成心，则性之广大深微不能尽者多矣。杨之义，墨之仁，申之名，韩之法，莫非道之所可，而成乎性之偏，惟挟之以为成心，而不能极道之深，充道之广也。尽性而无成心，则大人以下，有所执以为善者，皆不测其时行时止、进退劝威之妙，盖圣人之神，超然知道之本原，以循理因时而已。敔按：不可知者，谓大人以下皆不能测之也。

以我视物则我大，

视听之明，可以摄物，心知之量，可以受物，于是而可以知物之不足而我之有余，则不徇物以自替其大矣。

以道体物我则道大。

物与我皆气之所聚，理之所行，受命于一阴一阳之道，而道为其体；不但夫妇、鸢鱼为道之所昭著，而我之心思耳目，何莫非道之所凝承，而为道效其用者乎！唯体道者能以道体物我，则大以道而不以我。

故君子之大也大于道，大于我者，容不免狂而已。

于道无不体，则充实光辉而大矣。狂者见我之尊而卑万物，不屑徇物以为功名而自得，乃考其行而不掩，则亦耳目心思之旷达而已。

烛天理如向明，万物无所隐；

烛天理者，全体而率行之，则条理万变无不察也。万象之情状，以理验其合离，则得失吉凶，不待逆亿而先觉。

穷人欲如专顾影间，区区〔于〕一物之中尔。

形蔽明而成影；人欲者，为耳目口体所蔽而窒其天理者也。耳困于声，目困于色，口困于味，体困于安，心之灵且从之而困于一物，得则见美，失则见恶，是非之准，吉凶之感，在眉睫而不知；此物大而我小，下愚之所以陷溺也。

此章直指智愚之辨，穷本推源，最为深切，尤学者之所宜知警也。

释氏不知天命，而以心法起灭天地，

天命，太和絪緼之气，屈伸而成万化，气至而神至，神至而理存者也。释氏谓「心生种种法生，心灭种种法灭」，置之不见不闻，而即谓之无。天地本无起灭，而以私意起灭之，愚矣哉！

以小缘大，以末缘本，其不能穷而谓之幻妄，真所谓疑冰者与！张子自注：夏虫疑冰，以其不识。

小，谓耳目心知见闻觉知之限量；大者，清虚一大之道体；末者，散而之无，疑于灭，聚而成有，疑于相缘以起而本无生。惟不能穷夫屈伸往来于太虚之中者，实有絪緼太和之元气，函健顺五常之体性，故直斥为幻妄。己所不见而谓之幻妄，真夏虫不可语冰也。盖太虚之中，无极而太极，充满两间，皆一实之府，特视不可见，听不可闻尔。存神以穷之，则其富有而非无者自见。缘小体视听之知，则但见声色俱泯之为无极，而不知无极之为太极。其云「但愿空诸所有」，既云有矣，我乌得而空之？「不愿实诸所无」，若其本无，又何从可得而实之？惟其乍离人欲而未见夫天理，故以人欲之妄概天理之真，而非果有贤知之过，亦愚不肖之不及而已。

释氏妄意天性，而不知范围天用，

其直指人心见性，妄意天性，不知道心，而以惟危之人心为性也。天用者，升降之恒，屈伸之化，皆太虚一实之理气成乎大用也。天无体，用即其体。范围者，大心以广运之，则天之用显而天体可知矣。敔按：中庸云「天地之道，博也，厚也，高也，明也，悠也，久也」，正所谓「天无体，用即其体」也。

反以六根之微因缘天地。明不能尽，则诬天地日月为幻妄，蔽其用于一身之小，溺其志于虚空之大，

万化之屈伸，无屈不伸，无伸不屈。耳目心知之微明，惊其所自生以为沤合，疑其屈而归于无，则谓凡有者毕竟归空，而天地亦本无实有之理气，但从见病而成眚。其云「同一雨而天仙见为宝，罗刹见为刀」，乃盗贼恶月明，行人恶雨泞之偷心尔。是蔽其用于耳目口体之私情，以己之利害为天地之得丧，因欲一空而销陨之，遂谓「一真法界本无一物」，则

溺其志以求合，而君父可灭，形体可毁，皆其所不恤已。

〔此〕所以语大语小，流遁失中。其过于大也，尘芥六合；其蔽于小也，梦幻人世。

以虚空为无尽藏，故尘芥六合；以见闻觉知所不能及为无有，故梦幻人世。

谓之穷理，可乎？不知穷理而谓尽性，可乎？谓之无不知，可乎？

梦幻无理，故人无有穷究梦幻者。以人世为梦幻，则富有日新之理皆可置之不思不议矣，君可非吾君矣，父可非吾父矣。天理者，性之撰，此之不恤，是无性矣。故其究竟，以无生为宗，而欲断言语，绝心行，茫然一无所知，而妄谓无不知，流遁以护其愚悍，无所不至矣。

尘芥六合，谓天地为有穷也；

如华藏世界等说是也。不知法界安立于何所，其愚岂适足哂而已。

梦幻人世，明不能究所从也。

不能究所从者，不知太和絪緼之实为聚散之府，则疑无所从生而惟心法起灭，故立十二因缘之说，以无明为生死之本。统而论之，流俗之徇欲者，以见闻域其所知也；释氏之邪妄者，据见闻之所穷而遂谓无也。致知之道，惟在远此二愚，大其心以体物体身而已。

中正篇

此篇博引论语、孟子之言以著作圣之功，而终之以教者善诱之道。其云中道者，即尧、舜以来相传之极致，大学所谓至善也。学者下学立心之始，即以此为知止之要而求得焉，不可疑存神精义为不可企及而自小其志量也。

中正然后贯天下之道，

不倚之谓中，得其理而守之、不为物迁之谓正。中正，则奉天下之大本以临事物，大经审而物不能外，天下之道贯于一矣。有成心者有所倚，徇见闻者必屡迁；唯其非存大中而守至正，故与道多违。

此君子之所以大居正也。

居者，存之于心，待物之来而应之。

盖得正则得所止，得所止则可以弘而至于大。

所止者，至善也；事物所以然之实，成乎当然之则者也。以健顺之大常为五常之大经，扩之，则万事万物皆效法焉而至于大矣。

乐正子、颜渊，知欲仁矣。

仁者，生物之理。以此，生则各凝之为性，而终身率由，条理畅遂，无不弘焉；是性命之正，不倚见闻之私，不为物欲所迁者也。知欲仁，则志于仁矣。

乐正子不致其学，足以为善人信人，志于仁，无恶而已。

学，所以扩其中正之用而弘之者也；学虽未弘而志于仁，抑可以无恶者。盖夫人之心，善则欲，恶则恶，情之所然，即二气之和，大顺而不可逆者也。恻然有动之心，发生于太和之气，故苟有诸己，人必欲之，合天下之公欲，不违二气之正，乖戾之所以化也。

颜子好学不倦，合仁与智，具体圣人，独未至圣人之止尔。

颜子之好学，不迁怒，不贰过，养其心以求化于迹，则既志于仁，抑能通物理之变而周知之，具圣人之体矣。未极乎高明广大至善之境，以贞万物于一原，故未造圣人之极致。

学者中道而立，则有仁以弘之。（「仁」，坊本作「位」者误。）

中道者，大中之矩，阴阳合一，周流于屈伸之万象而无偏倚者，合阴阳、健顺、动静于一而皆和，故周子曰「中也者和也」。中庸自其存中而后发之和言之，则中其体也，和其用也。自学者奉之为大本以立于四达之道言之，本乎太和而成无过不及之节，则和又体而中其用也。仁者，中道之所显也；静而能涵吾性之中，则天理来复，自然发起而生恻隐之心，以成天下之用，道自弘矣。

无中道而弘，则穷大而失其居，

老之虚，释之空，庄生之逍遥，皆自欲弘者；无一实之中道，则心灭而不能贯万化矣。

失其居则无地以崇其德，与不及者同；

苟欲弘而失其居，则视天下皆非吾所安之土，故其极至于恤私而蔑君亲，纵欲而习放诞，以为不系不留，理事皆无碍，而是非不立，与不肖者之偷污等矣。

此颜子所以克己研几，必欲用其极也。

极，中道也。克己，则不徇耳目之见闻而为所锢蔽；研几，则审乎是非之微，知动静之因微成著而见天地之心。颜子知用中道之极以求仁，故仁将来复。

未至圣而不已，故仲尼贤其进；未得中而不居，故惜夫未见其止也。

不居，未能居也；居之安，则不思不勉而与天同其化矣。未见其止者，颜子早夭，故不及止于至善也。

大中至正之极，文必能致其用，约必能感而通。

大中者，无所不中；至正者，无所不正；贯天下之道者也。文有古今质文之异，而用之皆宜，非博辨而不适于用；约以礼，修之于己，无心于物，物无不应。盖文与礼，一皆神化所显著之迹，阴阳、刚柔、仁义自然之秩叙，不倚于一事一物而各正其性命者也。

未至于此，其视圣人，恍惚前后，不可为(之)象，此颜子之叹乎！

神化之理，散为万殊而为文，丽于事物而为礼，故圣人教人，使之熟习之而知其所由生，乃所以成乎文与礼者，人心不自已之几，神之所流行也。圣人存神，随时而处中，其所用以感天下者，以大本行乎达道，故错综变化，人莫能测，颜子之叹以此。如礼记所载「拱而尚左」之类，亦文与礼之易知易从者，得其时中而人且不知，亦可以思圣人义精仁熟、熟而入化之妙矣。

可欲之谓善，志仁则无恶也，

无恶，则不拂人之性而见可欲。

诚善于心之谓信，

有诸己者，诚自信于心也。

充内形外之谓美，

义理足乎日用，德纯一致无疵纇曰美。

塞乎天地之谓大，

天地之间，事物变化，得其神理，无不可弥纶者。能以神御气，则神足以存，气无不胜矣。

大能成性之谓圣，

大则无以加矣，熟之而不待扩充，全其性之所能，而安之以成乎固然，不待思勉矣。

天地同流、阴阳不测之谓神。

神者，圣之大用也。合阴阳于一致，进退生杀乘乎时，而无非天理之自然，人不得以动静、刚柔、仁义之迹测之，圣之神也。六者，以正志为入德之门，以存心立诚为所学之实，以中道贯万理为至善之止，圣与神则其熟而驯致者也。故学者以大心正志为本。

高明不可穷，博厚不可极，则中道不可识，盖颜子之叹也。

穷高明者，达太虚至和之妙，而理之所从出无不知也；极博厚者，尽人物之逆顺险阻，皆能载之而无所拒也。穷高明则文皆致用，极博厚则礼能感通，而后天下之富有，皆得其大中之矩以贯万理。颜子弥高弥坚之叹，非侈心于高坚，所以求中道尔。不穷高明，不极博厚，而欲识中道，非偏则妄矣。

君子之道，成身成性以为功者也。

身者道之用，性者道之体。合气质攻取之性，一为道用，则以道体身而身成；大其心以尽性，熟而安焉，则性成。身与性之所自成者，天也，人为蔽之而不成；以道体天，而后其所本成者安之而皆顺。君子精义研几而化其成心，所以为作圣之实功也。

未至于圣，皆行而未成之地尔。

欲罢不能而未熟，私意或间之也；行而不息，则成矣。

大而未化，未能有其大，化而后能有其大。

与时偕行而无不安，然后大无所御；以天地万物一体为量而有任之之意存，则动止进退必有所碍，不能全其大矣。任之之意，即有思勉，有方体也。

知德以大中为期，可谓知至矣。

大中者，阴阳合德，屈伸合机，万(物)〔事〕万理之大本也。知之而必至于是以为止，知乃至其极也。

择中庸而固执之，乃至之之渐也。

中庸，中之用也。择者，择道心于人心之中，而不以见闻之人为杂天理之自然也。固执，动静恒依而不失也。择之精，执之固，熟则至矣。

惟知学然后能勉，能勉然后日进而不息可期矣。

知学，知择执以至于中也；不息，则成性而自能化矣。不知学者，俗儒以人为为事功，异端以穷大失居为神化；故或事求可，功求成，而遂生其骄吝，或谓知有是事便休，皆放其心而不能勉；虽小有得，以间断而失之。

体正则不待矫而弘，

体，才也；才足以成性曰正。聪明强固，知能及而行能守，则自弘矣。

不正必矫，矫而得中，然后可大。

得中道之一实以体天德，然后可备万物之理。才既偏矣，不矫而欲弘，则穷大失居，弘非其弘矣。盖才与习相狎，则性不可得而见，习之所以溺人者，皆乘其才之相近而遂相得。故矫习以复性者，必矫其才之所利；不然，陷于一曲之知能，虽善而隘，不但人欲之局促也。

故致曲于诚者，必变而后化。敔按：此言变化，与朱子中庸章句异，详后致曲不贰章。

变，谓变其才质之偏；化，则弘大而无滞也。

极其大而后中可求，止其中而后大可有。

大者，中之撰也；中者，大之实也。尽体天地万物之化理，而后得大本以随时而处中，得中道而不迁，则万化皆由之以弘，而用无不备矣。

大亦圣之任，

圣之任，亦大之至尔。

虽非清和一体之偏，犹未忘于勉而大尔。

伊尹耕于有莘，亦夷之清；出而五就汤、五就桀，亦惠之和；可兼二子，而执义已严，图功已亟，皆勉也。

若圣人，则性与天道无所勉焉。

圣人，谓孔子。顺性而自止于大中，因天道而自合其时中，不以道自任，故化不可测。伊尹之道疑于孔子，而大与圣分焉，故辨之。

无所杂者清之极，无所异者和之极。勉而清，非圣人之清；勉而和，非圣人之和。所谓圣者，不勉不思而至焉者也。

伯夷、柳下惠体清和而熟之，故孟子谓之为圣，化于清和也。伊尹大矣，而有所勉，夷、惠忘乎思勉，而未极其大。清和未极其大，故中不能止；任者未止于中，故大不能化。唯孔子存神而忘迹，有事于天，无事于人，圣功不已，故臻时中之妙，以大中贯万理而皆安也。

勉，盖未能安也；思，盖未能有也。

未能安，则见难而必勉；未能有，必待思而得之。见道于外，则非己所固有而不安；存神以居德，则虽未即至而日与道合。作圣之功，其入德之门，审矣。

不尊德性，则学问从而不道；

道，谓顺道而行。不尊德性，徇闻见而已。

不致广大，则精微无所立其诚；

不弘不大，区限于一己而不备天地万物之实，则穷微察幽，且流于幻妄。

不极高明，则择乎中庸，失时措之宜矣。

不极乎形而上之道以烛天理之自然，则虽动必遵道而与时违。张子此说，与陆子静之学相近，然所谓广大高明者，皆体物不遗之实，而非以空虚为高广。此圣学异端之大辨，学者慎之。

绝四之外，心可存处，盖必有事焉，而圣不可知也。

凡人之心，离此四者则无所用心；异端欲空此四者而寄其心于虚寂惝恍，皆未能有事。圣人岂其然哉！「成性存存，道义之门」，非人所易知尔。

不得已，当为而为之，虽杀人，皆义也；

不得已者，理所必行，乘乎时位，已之则失义也。

有心为之，虽善，皆意也。

有心为者，立意以求功也。

正己而物正，大人也；

大人正己而已，居大正以临物，皆为己也。得万物理气之大同，感物必通矣。

正己而正物，犹不免有意之累也。

以欲正物，故正己以正之，贤于藏身不恕者尔。而政教督责，有贤智临人之意，物不感而忧患积矣。

有意为善，利之也，假之也；

利者利其功，假者假其名，非义也。

无意为善，性之也，由之也。

性成乎必然，故无意而必为。由者，以其存于中者率而行之也，孟子曰：「由仁义行。」

有意在善，且为未尽，况有意于未善邪！

意者，人心偶动之机，类因见闻所触，非天理自然之诚，故不足以尽善。而意不能恒，则为善为恶，皆未可保。故志于仁者，圣功之始；有意为善者，非辟之原。志大而虚含众理，意小而滞于一隅也。

仲尼绝四，自始〔学〕至成德，竭两端之教也。

意、必、固、我，以意为根；必、固、我者，皆其意也，无意而后三者可绝也。初学之始，正义而不谋利，明道而不计功；及其至也，义精仁熟，当为而为，与时偕行，而所过者化矣。圣功之始基，即天德之极致，下学上达，一于此也。

不得已而后为，至于不得为而止，斯智矣夫！

不得已，理所不可止，义也；不得为，时所未可为，命也。义命合一存乎理，顺理以屈伸动静，智斯大矣。

意，有思也；

未能有诸己而思及之。

必，有待也；

期待其必得。

固，不化也；

事已过而不忘。

我，有方也。

一方之善可据而据之。

四者有一焉，则与天地为不相似。

天地诚有而化行，不待有心以应物（无意）；施生无方，栽培倾覆，无待于物以成德（无必）；四时运行，成功而不居（无固）；并育并行，无所择以为方体（无我）；四者忘，则体天矣。此言成德之极致，四者绝也。

天理一贯，则无意、必、固、我之凿。

随时循理而自相贯通，顺其固然，不凿聪明以自用。

意、必、固、我，一物存焉，非诚也。

凿者，理所本无，妄而不诚。

四者尽去，则直养而无害矣。

顺义以直行，养其中道，无私妄以为之害矣。此始学之存心当绝四者也。

妄去然后得所止，

意、必、固、我皆妄也，绝之，则心一于天理流行之实而不妄动。

得所止然后得所养而进于大矣。

养其所止之至善，则知此心与天地同其无方而进于大。

无所感而起，妄也；

天下无其事而意忽欲为之，非妄而何！必、固、我皆缘之以成也。

感而通，诚也；

神存而诚立，诚则理可肆应，感之而遂通。

计度而知，昏也；不思而得，素也。

万事万物之不齐，善恶得失二端而已。大经正，大义精，则可否应违，截然分辨，皆素也。计度而知，设未有之形以料其然，是非之理不察者多矣。

事豫则立，必有教以先之；

明善乃所以立诚，教者所以明也。

〔尽〕教之善，必精义以研之；

以义为大经，研其所以然，则物理无不察，所立之教皆诚明矣。

精义入神，然后立斯立，动斯和矣。

章解「私淑艾」亦然。凡此类，注皆如张子之意而通之，不袭程、朱之旨。说见下卷作者篇。敔按：此言「斯立、斯和」，与论语本文小异，后以能问不能

得物情事理屈伸相感之义以教人，而审其才质刚柔之所自别，则矫其偏而立斯立，动其

天而自和乐以受裁，竭两端之教，所以中道而立，无贬道以徇人之理。

志道则进据者不止矣，依仁则小者可游而不失和矣。

进而据者，德也；志道，则壹其志于性天之理，其得为真得，愈进而愈可据。小，谓艺也。和者，万事一致之理。依仁，则艺皆仁之散见，而知合于一贯，明非据事以为德，游小而忘大也。

志学然后可以适道，

志学者大其心以求肖夫道，则无穷之体皆可由之而至。

强礼然后可与立，

强者力制其妄，敦行其节，动无非礼，则立身固矣。

不惑然后可与权。

理一而有象，有数，有时，有位，数赜而不乱，象变而不惊，时变而行之有素，位殊而处之有常，轻重、大小、屈伸通一而皆齐，可与权也。

博文以集义，集义以正经，正经然后一以贯天下之道。

申明不惑可权之义。言博文而集义之，蓄变无所疑惑，则无往而不得其经之正。此强礼之后，立本以亲用之学。经正则万物皆备，而天下之道贯于经之一，故其趋不同而皆仁也。权者，以铢两而定无方之重轻，一以贯之之象，随时移易而皆得其平也。明此，则权即经之所自定，而反经合权之邪说愈不足立矣。抑张子以博文之功在能立之后，与朱子以格物为始教之说有异，而大学之序，以知止为始，修身为本，朱子谓本始所先，则志道强礼为学之始基，而非志未大，立未定，徒恃博文以几明善，明矣。

将穷理而不顺理，将精义而不徙义，欲资深且习察，吾不知其智也。理者，合万化于一源；即其固然而研穷以求其至极，则理明。乃舍其屈伸相因之条理而别求之，则恍惚幻妄之见立而理逆矣。义者，一事有一事之宜，因乎时位者也。徙而不执，乃得其随时处中之大常；若执一义而求尽其微，则杨之为我，墨之兼爱，所以执一而贼道。资深自得，则本立而应无穷；若即耳目所习见习闻者察之，则蔽于所不及见闻，言僻而易穷，如释氏生灭之说，足以惑愚民而已，奚其智！

知、仁、勇天下之达德，虽本之有差，及所以知之成之则一也。盖谓仁者以生知、以安行此五者，智者以学知、以利行此五者，勇者以困知、以勉行此五者。朱子之说本此；而以生安为知，学利为仁，则有小异，其说可通参，各有所本。要之，知、仁、勇各有生安、学利、困勉之差，非必分属三品也。

中心安仁，无欲而好仁，无畏而恶不仁，天下一人而已，惟责己一身当然尔。为天下之一人，岂可概望之天下哉！治天下以天下，而责一人之独至于己，故养先于教，礼先于刑，所为易从而能化也。

行之笃者，敦笃云乎哉！如天道不已而然，笃之至也。敦笃者，奋发自强于必为，勇之次者也。如天道不已而然，则仁者之终身无违也。以天体身，以身体道，知其不容已，而何已之有！

君子于天下，达善达不善，无物我之私。达者，通物我于一也。君子所欲者，纯乎善而无不善尔。若善则专美于己，不善则听诸物，是拒物私我而善穷于己，不善矣。

循理者共悦之，

己有善则悦，人有善，视之无异于己，是达善也。

不循理者共改之。

己有过则改，人有恶，则反求自尽而化之，是达不善也。

改之者，过虽在人如在己，不忘自讼；

「万方有罪，罪在朕躬」，非但天子为然。横逆不改而三自反，所以尽己而感人也。

共悦者，善虽在己，盖取诸人而为，必以与人焉。

己知之，待人言而行之，归其功于人，不自有也。

善以天下，不善以天下，是谓达善达不善。

形迹化而天理流行，神化之事也。然学者克去己私以存心，则亦何远之有哉！

善人云者，志于仁而未致其学，能无恶而已，「君子名之必可言也」如是。

学，谓穷理精义以尽性之功，名之曰善人，则其实也。无恶之谓善。

善人，欲仁而未致其学者也。欲仁，故虽不践成法，亦不陷于恶，有诸己也。

仁者心之安，心所不安则不欲，故不陷于恶。乡原则践成法以自文，而不恤其心之安，故自以为善者皆恶人，虽欲之相似而实相反。

「不入于室」由不学，故无自而入圣人之室也。

善人而学，则洗心藏密而入圣人之室矣，圣非不可学而至也。

恶不仁，故不善未尝不知；

恶之诚则知之明，不善当前而与己相拂，如恶恶臭，过前而即知之。

徒好仁而不恶不仁，则习不察，行不著。

未尝取不仁之恶而决择之，则或见为当然，狎习之而不知恶。故穷异端之妄，必知其不仁之所在，然后别天理之几微；不然，且有如游、谢诸子暗淫于其说者矣。司马君实好善笃而恶恶未精，故苏子瞻与游而不知择。道虽广而义不得不严，君子所以反经而消邪慝也。

是故徒善未必尽义，徒是未必尽仁；

徒欲善而不辨其恶以去之，则义有所不正；徒行其是而不防是之或非，则仁有所不纯。

好仁而恶不仁，然后尽仁义之道。

严以拒不仁而辨之于微，然后所好者纯粹以精之理行，习之似是而非者不能乱也。故坤之初六，履霜而辨坚冰之至。苟或唯不知此，是以陷于乱臣贼子之党而不自知。

「笃信好学」，笃信不好学，不越为善人信士而已。

越，过也。学以充实其所以然之理，作圣之功也。

此节旧连下章，传写之讹，今别之。

「好德如好色」，好仁为甚矣。

求必得也。

见过而内自讼，恶不仁而不使加乎其身，恶不仁为甚矣。

不容有纤芥之留也。

学者不如是不足以成身，

成身者，卓然成位乎中，直方刚大而无愧怍于天人也。

故孔子未见其人，必叹曰「已矣乎」，思之甚也。

君子之好恶用诸己，小人之好恶用诸物，涵泳孔子之言而重叹之，张子之学所为壁立千仞，而不假人以游泆之便。先儒或病其已迫，乃诚伪之分，善恶之介，必如此谨严而后可与立。彼托于春风沂水之狂而陶然自遂者，未足以开来学，立人道也。

孙其志于仁则得仁，孙其志于义则得义，惟其敏而已。

孙，顺也，顺其志也；志于仁义而不违。志与相依而不违，则不能自已而进于德矣。此释说命「孙志时敏」之义，明孙非柔缓之谓，乃动与相依，静与相守，敏求而无须臾之违也。

博文约礼，由至著入至简，故可使不得叛而去。

文者，礼之著见者也。会通于典礼，以服身而制心，所谓至简也。不博考于至著之（大）〔文〕，而专有事于心，则虚寂恍惚以为简，叛道而之于邪矣。

温故知新，多识前言往行以畜德，

温故知新，非以侈见闻之博；多识而力行之，皆可据之以为德。

绎旧业而知新益，思昔未至而今至，

即所闻以验所进。

缘旧所见闻而察来，

据所闻，以义类推之。

皆其义也。

皆博文之益也。存神以立本，博文以尽其蕃变，道相辅而不可偏废。

责己者当知天下国家无皆非之理，

人虽穷凶极恶，亦必有所挟以为名，其所挟之名则亦是也。尧以天下与人而丹朱之傲不争，若殷之顽民称乱不止，亦有情理之可谅。倘挟吾之是以摘彼之非，庸讵不可！而已亦有歉矣。大其心以体之，则唯有责己而已。

故学至于不尤人，学之至也。

学以穷理而成身，察理于横逆之中，则义精而仁弘，求己以必尽之善，则诚至而化行，乃圣学之极致。

闻而不疑则传言之，见而不殆则学行之，中人之德也。

传言，述之为教也；学行，模仿以饰其行也。资闻见以求合于道，可以寡过，非心得也，故夫子亦但以为可以得禄之学。

闻斯行，好学之徒也；

不阙疑殆而急于行，好学而不知道。

见而识其善而未果于行，愈于不知者尔。

此尤不足有为者，愈于不知而妄作者尔。

世有不知而作者，盖凿也，妄也；

慧巧者则为凿，粗肆者则为妄。

夫子所不敢也，故曰「我无是也」。

圣人且不敢，而况未至于圣者乎！

此章言恃闻见以求合，虽博识而仅为中人之德，若急于行、怠于行者，尤无德之可称，则闻见之不足恃明矣。然废闻见而以私意测理，则为妄为凿，陷于大恶，乃圣人之所深惧。盖存神以烛理，则闻见广而知日新，故学不废博，而必以存神尽心为至善，其立志之规模不同，而后养圣之功以正。大学之道，以格物为先务，而必欲明明德于天下，知止至善以为本始，则见闻不叛而德日充。志不大则所成者小，学者所宜审也。

以能问不能，以多问寡，私淑艾以教人，隐而未见之仁也。

私淑艾，谓取人之善以自淑，非以教人，而所以奖进愚不肖者，则教行乎其间矣。盖以多能下问，则苟有一得者，因问而思所疑，坚所信，则亦求深于道而不自已，其曲成万物之仁，隐于求益自成之中，教思无穷，愈隐而愈至矣。此大舜之德而颜子学之也。

为山平地，此仲尼所以惜颜回未至，盖与互乡之进也。

志于善则不可量，故不拒童子。颜子殆圣而圣功未成，一篑之差也。圣人望人无已之心如是。

学者四失：为人则失多，好高则失寡，不察则易，苦难则止。

为人，求诸人也，失多者，闻见杂而不精；好高者，自困而不能取益于众；易于为者，不察而为之则妄；知其难者，惮难而置之则怠；四者，才之偏于刚柔者也。知其失而矫之，为人而反求诸己，志高而乐取善，易于为而知慎，知其难而勇于为，然后可与共学。

学者舍礼义，则饱食终日，无所猷为，与下民一致，所事不逾衣食之间，燕游之乐尔。

甚言其贱也。困其心于衣食之计，暇则燕游，自谓恬淡寡过，不知其为贱丈夫而已。学者读陶靖节、邵康节之诗，无其志与识而效之，则其违禽兽不远矣，庄周所谓人莫悲于心死也。

以心求道，正犹以己知人，终不若彼自立彼为不思而得也。

以心求道者，见义在外，而以觉了能知之心为心也。性函于心而理备焉，即心而尽其量，则天地万物之理，皆于吾心之良能而著；心所不及，则道亦不在矣。以己知人，饥饱寒暑得其仿佛尔。若彼自立彼，人各有所自喻，如饥而食，渴而饮，岂待思理之当然哉！吾有父而吾孝之，非求合于大舜；吾有君而吾忠之，非求合于周公；求合者终不得合，用力易而尽心难也。

考求迹合以免罪戾者，畏罪之人也；故曰考道〔以〕为无失。

以诚心体诚理，则光明刚大，行于忧患生死而自得，何畏之有！无失者，仅免于罪。

儒者穷理，故率性可以谓之道。

穷仁义中正之所自出，皆浑沦太和之固有，而人得之以为性，故率循其性而道即在是。

浮图不知穷理而自谓之性，故其说不可推而行。

释氏缘见闻之所不及而遂谓之无，故以眞空为圆成实性，乃于物理之必感者，无理以处之而欲灭之；灭之而终不可灭，又为「化身无碍」之遁辞，乃至云「淫坊酒肆皆菩提道场」，其穷见矣。性不可率之以为道，其为幻诞可知；而近世王畿之流，中其邪而不寤，悲夫！

致曲不贰，则德有定体；

不贰，无间杂也。定体，成其一曲之善而不失。

体象诚定，则文节著见；

体象，体成而可象也。诚定者，实有此理而定于心也。所行者一，因其定立之诚，则成章而条理不紊。

一曲致文，则余善兼照；

余善，未至之善也。心实有善而推行之，则物理之当然，推之而通，行至而明达矣。

明能兼照，则必将徙义；

知及之则行必逮之，盖所知者以诚而明，自不独知而已尔。动而曰徙义者，行而不止之谓动。

诚能徙义，则德自通变；

徙义以诚，其明益广，其义益精，变无不通矣。

能通其变，则圆神(所)〔无〕滞。

至变与大常合而不相悖，以神用而不以迹合，与时偕行，大经常正而协乎时中之道矣。此释中庸之义，而历序其日进之德，盖张子自道其致曲之学所自得者，脉络次序，唯实有其德者喻之，非可以意为想象也。

有不知则有知，无不知则无知；

有知者，挟所见以为是，而不知有其不知者在也。圣人无不知，故因时，因位，因物，无先立之成见，而动静、刚柔皆统乎中道。其曰「吾道一以贯之」，岂圣人之独知者哉！

是以鄙夫有问，仲尼竭两端而空空。

若有秘密独知之法，则必不可以语鄙夫矣。竭两端者，夫子以之而圣，鄙夫以之而寡过，一也。空空，无成心，无定则也，事理皆如其意得尔。

易无思无为，受命乃如响。

全体乎吉凶悔吝之理，以待物至而应之，故曰「易广矣大矣」。圣人之知无不通，所以合于鬼神。

圣人一言尽天下之道，虽鄙夫有问，必竭两端而告之。

凡事之理，皆一源之变化屈伸也；存神忘迹，则天道物理之广大皆协于一，而一言可尽，非以己所知之一言强括天下之理也。

然问者随才分各足，未必能两端之尽也。

非独鄙夫为然，颜、闵以下，亦各不能体其言之所尽，有所受益而自据为知，所以受教于圣人而不能至于圣。

教人者必知至学之难易，

有初学难而后易者，有初学易而后难者，因其序则皆可使之易。

知人之美恶，

刚柔、敏纯之异。

当知谁可先传此，谁将后倦此。

年强气盛则乐趋高远；而使循近小，虽强习必倦。

若洒扫应对，乃幼而孙弟之事；长后教之，人必倦弊。惟圣人于大德有始有卒，故事无大小，莫非处极。

圣人合精粗、大小于一致，故幼而志于大道，老而不遗下学。

今始学之人，未必能继，妄以大道教之，是诬也。

继，谓纯其念于道而不间也。若洒扫应对，则可相继而不倦；故习其志于专谨，且以毕小德而不俟其倦。

知至学之难易，知德也；

行焉而皆有得于心，乃可以知其中甘苦之数。

知其美恶，知人也。

曲尽人才，知之悉也。

知其人且知德，故能教人使入德。

顺其所易，矫其所难，成其美，变其恶，教非一也。

仲尼所以问同而答异，以此。

理一也，从人者异尔。

「蒙以养正。」使蒙者不失其正，教人者之功也；尽其道，其唯圣人乎！

才之偏，蒙也；养之者因所可施可受而使安习之。圣人全体天德之条理，以知人而大明其终始，故教道不一而尽。

洪钟未尝有声，由扣乃有声；圣人未尝有知，由问乃有知。

洪钟具大声之理，圣人统众理之神，扣焉而无不应，问焉而无不竭。

「有如时雨化之者。」当其可，乘其间而施之，（「间」，如字。）

可者，当其时也；间者，可受之机也。

不待彼有求有为而后教之也。

有求则疑，有为则成乎过而不易救。

志常继则罕譬而喻，言易入则微而臧。

学者志正而不息，则熟于天理，虽有未知，闻言即喻，不待广譬也。逊志而敏求，则言易相入，但微言告之而无不尽善。此言教者在养人以善，使之自得，而不在于详说。

「凡学，官先事，士先志」，谓有官者先教之事，未官者使正其志焉。

所谓当其可也。即事以正志，即志以通事，徐引之以达于道。

志者，教之大伦而言也。

大伦，可以统众事者。正其志于道，则事理皆得，故教者尤以正志为本。

道以德者，运于（万）物〔外〕使自化也。

物者，政刑之迹。

故谕人者，先其意而逊其志可也。

意之所发，或善或恶，因一时之感动而成乎私；志则未有事而豫定者也。意发必见诸事，则非政刑（所）〔不〕能正之；豫养于先，使其志驯习乎正，悦而安焉，则志定而意虽不纯，亦自觉而思改矣。

盖志意两言，则志公而意私尔。

未有事，则理无所倚而易明。惟庸人无志尔，苟有志，自合天下之公是。意则见己为是，不恤天下之公是。故志正而后可治其意，无志而唯意之所为，虽善不固，恶则无不为矣。

故大学之先诚意，为欲正其心者言也，非不问志之正否而但责之意也。教人者知志意公私之别，不争于私之已成，而唯养其虚公之心，所谓「禁于未发之谓豫」也。

能使不仁者仁，仁之施厚矣；故圣人并答仁智以「举直错诸枉」。

「仁智合一」之说本此。

以责人之心责己则尽道，所谓「君子之道四，丘未能一焉」者也；

责人则明，责己或暗，私利蔽之也。去其蔽，责己自严。

以爱己之心爱人则尽仁，所谓「施诸己而不愿亦勿施于人」者也；

君子之自爱，无徇私之欲恶，无不可推以及人。

以众人望人则易从，所谓「以人治人改而止」者也；

大伦大经，民可使由之，虽不可使知之而勿过求焉。

此君子所以责己、责人、爱人之三术也。

术者，道之神妙。

有受教之心，虽蛮貊可教；为道既异，虽党类难相为类。

君子道大教弘而不为异端所辱者，当其可，乘其间而已。

大人所存，盖必以天下为度。

念之所存，万物一源之太和，天下常在其度内。

故孟子教人，虽货色之欲，亲长之私，达诸天下而后已。

天下之公欲，即理也；人人之独得，即公也。道本可达，故无所不可，达之于天下。

子而孚化之，

子，禽鸟卵也；孚，菢也。有其质而未成者，养之以和以变其气质，犹鸟之伏子。

众好者翼飞之，

众好，喻禽鸟之少好者；翼飞，喻哺而长其翼，教之习飞也。志学已正而引之以达，使尽其才，犹鸟之教习飞。

则吾道行矣。

师道立，善人多，道明则行。

张子正蒙注卷五

衡阳王夫之撰

至当篇

此篇推前篇未尽之旨而征之于日用，尤为切近，然皆存神知化之理所一以贯之者，所谓易简而天下之理得也。篇内言易简、知几而归本于大经之正，学者反而求之于父子君臣之间，以察吾性之所不容已，则天之所以为天，人之所以为人，圣之所以为圣，无待他求之矣。

至当之谓德，百顺之谓福。

当于理则顺，于事至当，则善协于一，无不顺矣。事无所逆之谓福。

德者福之基，福者德之致，无入而非百顺，故君子乐得其道。

以德致福，因其理之所宜，乃顺也。无入不顺，故尧水、汤旱而天下安，文王囚、孔子厄而心志适，皆乐也，乐则福莫大焉。小人以得其欲为乐，非福也。

循天下之理之谓道，得天下之理之谓德，

理者，物之固然，事之所以然也，显著于天下，循而得之，非若异端孤守一己之微明，离理气以为道德。

故曰「易简之善配至德」。

至德，天之德也。顺天下之理而不凿，五伦百行，晓然易知而简能，天之所以行四时、生百物之理在此矣。

「大德敦化」，仁智合一，厚且化也；

敦，存仁之体〔也〕；化，广知之用也。大德存仁于神而化无不行，智皆因仁而发，仁至而智无不明。化者，厚之化也，故化而不伤其厚，举错而枉者直，此理也。

「小德川流」，渊泉时出之也。

渊泉则无不流，惟其时而已，故德以敦仁为本。〔敔按：此言用涵于体，体著于用，小德大德，一诚而已。〕

「大德不逾闲，小德出入可也」，大者器则小者不器矣。

器者，有成之谓。仁成而纯乎至善，为不逾之矩则。小德如川之流，礼有损益，义有变通，运而不滞，而皆协于至一，故任让、进退、质文、刑赏，随施而可。

德者，得也，凡有性质而可有者也。

得，谓得之于天也。凡物皆太和絪緼之气所成，有质则有性，有性则有德，草木鸟兽非无性无德，而质与人殊，则性亦殊，德亦殊尔。若均是人也，所得〔者〕皆一阴一阳继善之理气，才虽或偏而德必同，故曰「人无有不善」。

「日新之谓盛德」，过而不有，不凝滞于心知之细也。

日新盛德，乾之道，天之化也。人能体之，所知所能，皆以行乎不得不然而不居，则后日之德非倚前日之德，而德日盛矣。时已过而犹执者，必非自然之理，乃心知缘于耳目一曲之明尔，未尝不为道所散见，而不足以尽道体之弘。

浩然无害，则天地合德；

以理御气，周遍于万事万物，而不以己私自屈挠，天之健，地之顺也。

照无偏系，则日月合明；

以理烛物，则顺逆、美恶皆容光必照，好而知恶，恶而知美，无所私也，如日月之明矣。

天地同流，则四时合序；

因天之时，顺地之理，时行则行，时止则止，一四时之过化而日新也。

酬酢不倚，则鬼神合吉凶。

应天下以喜怒刑赏，善善恶恶各如其理，鬼神之福善祸淫无成心者，此尔。故鬼神不可以淫祀祷，君子不可以非道悦。

天地合德，日月合明，然后能无方体；能无方体，然后能无我。

方体，以用言；我，以体言。凡方而皆其可行之方，凡体而皆其可立之体，则私意尽而廓然大公，与天同化矣。无方体者，神之妙；无我者，圣之纯。

礼器则藏诸身，用无不利。

礼器，礼运曲礼之要。礼器于多寡、大小、高下、质文，因其理之当然，随时位而变易，度数无方而不立所尚以为体，故曰「礼器是故大备」，言尽其变以合于大常也。全乎不一之器，藏于心以为斟酌之用，故无不协其宜，而至当以成百顺。

礼运云者，语其达也；礼器云者，语其成也。

运云者，运行于器之中，所以为体天地日月之化而酬酢于人事者也。达，谓通理而为万事之本；成者，见于事物而各成其事也。

达与成，体与用之道合。

礼运，体也；礼器，用也。达则无不可成，成者成其达也。体必有用，显诸仁也。用即用其体，藏诸用也。达以成而成其所达，则体用合矣。

合体与用，大人之事备矣。

体无不成，用无不达，大人宰制万物、役使群动之事备矣。

礼器不泥于小者，则无非礼之礼，非义之义。盖大者器，则出入小者，莫非时中也。

礼器备而斟酌合乎时位，无所泥矣；不备，则贵多有时而侈，贵寡有时而陋，贵高有时而亢，贵下有时而屈，自以为礼义，而非天理之节文，吾心之裁制矣。达乎礼之运，而合吉凶、高下以不逾于大中之矩，故度数之小，可出可入，用无不利。

子夏谓「大德不逾闲，小德出入可也」，斯之谓尔。

出入，损益也。虽有损益，不逾天地日月运行各正之矩，非谓小节之可以自恣也。

礼器则大矣，

能备知礼器而用之，大人之事备矣。盖礼器云者，以天理之节文合而为大器，不倚于一偏者也。

修性而非小成者与！

性，谓理之具于心者；修，如修道之修，修著其品节也。修性而不小成，所以尽吾性之能而非独明其器数。

运则化矣，

礼运本天地日月之化而推行于节文，非知化者不能体。

达顺而乐亦至焉尔。

通达大顺，得中而无不和，则于多寡、大小、高下、质文之损益，曲畅人情之安矣。律吕之高下，人心之豫悦，此理而已。盖中和一致，中本于和而中则和，著于声容，原于神化，阴阳均而动静以时，所谓「明则有礼乐」也。故礼器以运为本。【敔按：中本于和，谓时中本于太和。】

「万物皆备于我」，言万物皆有素于我也；

素，犹豫也，言豫知其理而无不得。此孟子自言其所得之辞。

「反身而诚」，谓行无不慊于心，则乐莫大焉。

知之尽，则实践之而已。实践之，乃心所素知，行焉皆顺，故乐莫大焉。

未能如玉，不足以成德；未能成德，不足以孚天下。

如玉，表里纯善而无疵也。放道而行，非诚有其得于心者，虽善不足以感人。

「修己以安人。」修己而不安人，不行乎妻子，况可忾于天下！

忾，气相感也。修己之尽者，成如玉之德，无私无欲而通天下之志；如其不然，刻意尚行，矫物以为高，妻子不可行也。德至则感通自神，岂以己之是临物之非哉！

「正己而不求于人」，不愿乎外之盛者与！

君子之不愿乎外，非恬淡寡欲而已，随所处而必居正，则自无外愿也。盛，谓道之大者。

仁道有本，近譬诸身，推以及人，乃其方也。

心备万物之理，爱之本也。推以及人，于此求之而已。

必欲博施济众，扩之天下，施之无穷，必有圣人之才，能弘其道。

用之大者因其才，性其本也，性全而才或不足，故圣人不易及。然心日尽则才亦日生；故求仁者但求之心，不以才之不足为患。

制行以己，非所以同乎人。必物之同者，己则异矣；必物之是者，己则非矣。

制行必极于至善，非人之所能企及也。德盛则物自化，己有善而必人之己若，则立异而成乎过。君子不忍人之不善，唯严于责己而已。

此节旧分为二，今合之。

能通天下之志者，为能感人心。圣人同乎人而无我，故和平天下，莫盛于感人心。

天下之人，嗜好习尚移其志者无所不有，而推其本原，莫非道之所许。故不但兵农礼乐为所必务，即私亲、私长、好货、好色，亦可以其情之正者为性之所弘。圣人达于太和絪缊之化，不执己之是以临人之非，则君子乐得其道，小人乐得其欲，无不可感也，所以天下共化于和。

敔按：易咸卦彖曰：「圣人感人心而天下和平。」张子引伸其义，见圣人之化天下，唯无朋从而光大故也。

道远人则不仁。

仁者，己与万物所同得之生理。倚其偏至之识才，可为人所不能为者，老、释是已。己与天下殊异而不相通，则一身以外皆痿痹也；发焉而为己甚之行，必惨薄而寡恩。

易简理得则知几，知几然后经可正。

易简，乾、坤之至德，万物同原之理。知此，则吾所自生微动之几，为万化所自始，皆知矣。即此而见君臣、父子、昆弟、夫妇、朋友天叙天秩不容已之爱敬，则亲、义、序、别、信，皆原本德性以尽其诚，而无出入、过不及于大经之中。盖惟尽性者为能尽伦，非独行之士，一往孤行之忠孝也。

天下达道五，其生民之大经乎！经正则道前定，事豫立，不疑其所行，利用安身之要莫先焉。

终身所行，自此五者而外无事，仁民、爱物、制礼、作乐，全此五者而已。五者豫立，则推行万事，无不安利；舍此则妄揣冥行，事赜而志乱，吉凶、悔吝莫知所从。张子推天道人性变化之极而归之于正经，则穷神知化，要以反求大正之中道，此由博反约之实学，西铭一此意广言之也。

性天经，然后仁义行，故曰「有父子、君臣、上下，然后礼义有所错」。

性天经者，知大伦之秩叙自天，本吾性自然之理，成之为性，安焉而无所勉强也。能然，则爱敬之用扩充而无不行矣。礼义，仁义之用也，舍五者而泛施之，礼伪而义私，冥行而鲜当，刑名、法术之所以违天、拂人、贼仁义也。

仁通极其性，故能致养而静以安；

仁者，生理之函于心者也；感于物而发，而不待感而始有，性之藏也。人能心依于仁，则不为物欲所迁以致养于性，静存不失。

义致行其知，故能尽文而动以变。

义者，心所喻之物则也；知者，仁所发见之觉也。诚之明，知之良，因而行之，则仁之节文具而变动不居，无所往而非仁矣。

此章言义所以成仁之用，行无非义，则尽仁而复性矣。

义，仁之动也；流于义者于仁或伤。

仁存而必动，以加于物，则因物之宜而制之。然因物审处，则于本体之所存有相悖害者矣。故处物必不忘其静之所函，而屡顾以求安。

仁，体之常也；过于仁者于义或害。

体之常者，贯动静而恒也。乃方动而过持以静，则于事几之变失矣。故必静存万里、化裁不滞之圆神，曲成万物而不遗。此章言仁义之相为体用，动静、刚柔以相济而不可偏也。

立不易方，安于仁而已乎！

乎，叹美之辞。随所立而不易其方，义也。然唯安于仁者，动而不失其静之理，故虽遇变而恒贞。此章言仁所以立义之体，仁熟则义自正矣。以上三章，互相发明仁义合一之理。盖道之所自行，德之所自立，原其所本，则阴阳也，刚柔也，仁义也，当其絪緼而太和，初未尝分而为两；尽性合天者，得其合一、两在之神，则义不流，仁不过，而天下之理无不得。若徒袭仁义之迹，则或致两妨，故学者以存神为要。易以仁配阴，以义配阳，释者纷纭，唯此以一静一动为言，发明特切。然在天，在地，在人，理同而撰异，初不可画然分属，读者得意而舍迹可也。

安所遇而敦仁，故其爱有常心，有常心则物被常爱也。

安遇所以自处，敦仁则必及物。然人之所以不能常其爱者，境遇不齐而心为之变；心为境迁，则虽欲敦爱，而利于物者恐伤于己，仁不容不薄矣。若得丧安危，无遇不安，则苟可以爱而仁无所吝，一言一介，无迁就规避之心，不必泽及天下而后为仁也。

大海无润，因暍者有润；至仁无恩，因不足者有恩。乐天安土，所居而安，不累于物也。

无恩者，非以为恩于物而施之，爱犹大海，非为润人之渴而有水也。君子自存其仁，不为境迁，则物不能累己，而己亦不致为物之累，则因物之利而利之而已。若沾沾然以为恩于物为功，则必需势位以行爱而爱穷。

爱人然后能保其身；张子自注：寡助则亲戚畔之。**能保其身则不择地而安；**自注：不能有其身，则资安处以置之。**不择地而安，盖所达者不矣；**

四海之广，古今之变，顺逆险阻，无不可行矣。

大达于天，则成性成身矣。

大而化之，仁熟而无土不安，合于天德之无不覆，圣矣。无所遇而不安于性，以成身也。故舜之饭糗茹草，与为天子一也；孔子之困厄，与尧、舜一也。通乎屈伸而安身利用，下学而上达矣。

此章之指，言近而指远，尤学者所宜加省。

上达则乐天，乐天则不怨；下学则治己，治己则(不)〔无〕尤。

上达于天，屈伸之理合一，而不疑时位之不齐，皆天理之自然，富贵厚吾生，贫贱玉吾成，何怨乎！治己则去物之累，以责人之心责己，爱己之心爱人，不见人之可尤矣。圣之所以合天安土，敦仁而已。

不知来物，不足以利用；

来物，方来之事也。人之所以不利用者，据现在之境遇而执之也；若知将来之变不可测而守其中道，则无不利矣。

不通昼夜，未足以乐天。

屈伸往来之理，莫著于昼夜。昼必夜，夜必昼，昼以成夜，夜以息昼，故尧、舜之伸必有孔子之屈，一时之屈所以善万世之伸，天之所命无不可乐也。

圣人成其德，不私其身，故乾乾自强，所以成之于天尔。

身者，天之化也；德者，身之职也。乾乾自强，以成其德，以共天职，而归健顺之理气于天地，则生事毕而无累于太虚，非以圣智之功名私有于其身，所遇之通塞何足以系其念哉！

君子于仁圣，为不厌，诲不倦，然且自谓不能，盖所以为能也。

仁圣之道，乾乾不息而已。

能不过人，故与人争能，以能病人；

少有所得，则其气骄；广大无涯，则其志逊。

大则天地合德，自不见其能也。

时行物生，岂以今岁之成功自居，而息其将来之化哉！

君子之道达诸天，故圣人有所不能；

道通于天之化，君子之所必为著明；而天之盛德大业，古今互成而不迫，生杀并行而不悖，圣人能因时裁成，而不能效其广大。

夫妇之智淆诸物，故大人有所不与。

夫妇之智偶合于道，而天明孤发，几与蠭螘之君臣、虎狼之父子相杂。故自经沟渎之信，从井救人之仁，夫妇能之而大人弗为，大人贞一以动也。

匹夫匹妇，非天之聪明不成其为人；

非能自立人道，天使之然尔。

圣人，天聪明之尽者尔。

天之聪明，在人者有隐有显，有变有通，圣人以圣学扩大而诚体之，则尽有天之聪明，而视听无非理矣。

大人者，有容物，无去物，有爱物，无徇物，天之道然。（去，上声。）

大人不离物以自高，不绝物以自洁，广爱以全仁，而不违道以干誉，皆顺天之理以行也。

天以直养万物，

万物并育于天地之间，天顺其理而养之，无所择于灵蠢、清浊，挠其种性，而后可致其养，直也。

代天而理物者，曲成而不害其直，斯尽道〔矣〕。

道立于广大而化之以神，则天下之人无不可感，天下之物无不可用，愚明、强柔，治教皆洽焉，声色、货利，仁义皆行焉，非有所必去，有所或徇也。若老、释之徒，绝物以孤立，而徇人以示爱，违天自用，不祥久矣。

志大则才大事业大，故曰「可大」，又曰「富有」；志久则气久德性久，故曰「可久」，又曰「日新」。

志立则学思从之，故才日益而聪明盛，成乎富有；志之笃，则气从其志，以不倦而日新。盖言学者德业之始终，一以志为大小久暂之区量，故大学教人，必以知止为始，孔子之圣，唯志学之异于人也。天载物，则神化感通之事，下学虽所不逮，而志必至焉，不可泥于近小，以茶其气而弃其才也。

清为异物，和为徇物。

清之过，和之流也。

金和而玉节之则不过，知运而贞一之则不流。

金坚玉白，而养之以和，节之以润，则至清而不异；智能运物，而恒贞于一，则至和而不徇。孔子之所以圣不可知，其涵养德性者密也。

此章上二句旧分一章，金和以下连下章，今正之。

道所以可久可大，以其肖天地而不离也；

肖其化则可大，乾乾不息而不离则可久。

与天地不相似，其违道也远矣。

意欲之私，限于所知而不恒，非天理之自然也。释、老执一己之生灭，畏死厌难，偷安而苟息，曲学拘闻见之习而不通于神化，以自画而小成，邪正虽殊，其与道违一也。「道二，仁与不仁而已」，天与人之辨焉耳。

久者一之纯大者兼之富。

不杂以私伪，故纯；久，非专执不化也。穷天地万物之理，故富；大，非故为高远也。兼之富者，合万于一；一之纯者，一以贯万。一故神，两在故不测，下学而上达矣。

大则直不绞，方不刿，故不习而无不利。

大则通于万理而无不顺，直不伤激，方不矫廉，坤之六二，（居中得正）〔以柔居刚〕，刚柔合德，纯一而大，天下之理皆伸而情皆得，故无不利。

易简然后能知险阻，

以险阻之心察险阻，则险阻不在天下而先生于心；心有险阻，天下之险阻愈变矣。以乾之纯于健，自强而不恤天下之险，其道易；以坤之纯于顺，厚载而不忧天下之阻，其道简。险阻万变，奉此以临之，情形自著，而吾有以治之矣。

易简理得然后一以贯天下之道。

险阻可通，况其大常者乎。

易简故能说诸心，知险阻故能研诸虑；

道在己而无忧，故悦；悦而忧惑不妄起，则所虑者正而自精。不然，在己无大常之理，物至情移，愈变而愈迷矣。

知几为能以屈为伸。

几者，动静必然之介，伸必有屈，屈所以伸，动静之理然也。以屈为伸，则善吾生者善吾死，死生不易其素，一以贯久大之德矣。乾之「知存亡进退而不失其正」，坤之「先迷后得」，所以平天下之险阻也。

「君子无所争」。彼伸则我屈，知也；

阴阳、柔刚，迭相为屈伸，君子、小人各乘其时，知者知此，则量自弘矣。

彼屈则吾不伸而自伸矣，

彼屈则我自伸，不待鸣其屈以求伸。

又何争！

屈亦无爭，伸亦无爭，保吾大正而已。

无不容然后尽屈伸之道，至虚则无所不伸矣。

于人有君子小人，于世有治乱，于己有富贵、贫贱、夷狄、患难，天地之化至大，其屈伸非旦夕之效也。人所以不能尽屈伸之道者，遇屈则不能容也。至虚，则古今如旦暮，人我如影响，交感于太和之中而神不损。龙蛇蛰而全身，尺蠖之伸在屈，浩然之气，亘古今而常伸。「言忠信，行笃敬，虽之夷狄不可弃也」，利害于我何有焉。

「君子无所争」，知几于屈伸之感而已。

屈伸必相感者也，无待于求伸，而又何争！

「精义入神」，交神于不争之地，顺莫甚焉，利莫大焉。「天下何思何虑」，明屈伸之变，斯尽之矣。

精义，则伸有伸之义，屈有屈之义，知进退、存亡而不失其正。入神者，否泰消长之机化有变而神不变。故六十四象而乾、坤之德在焉，阴阳之多少，位之得失，因乎屈伸尔。知达于此，理无不顺，用无不利矣。彼与物争者，唯于天下生其思虑，而不自悦其心，研其虑，故憧憧尔思而不宁，唯己小而天下大，异于大人之无不知而无不容也。

此章旧分为二，今合之。

胜兵之胜，胜在至柔，明屈伸之神尔。

兵以求伸者也，而胜以柔，屈伸相感之神，于斯见矣。善为国者不师，至于用兵争胜，非能全体屈伸之神，窥见其几而已。老氏遂奉此以为教，欲伸固屈，以柔胜刚，与至虚能容之诚相违远矣。读者当分别观之。

敬斯有立，有立斯有为。

庄敬自持，而后耳目口体从心而定其物，则卓然知有我之立于两间，不因物而迁矣。有我而备万之诚存焉，奉此以有为而仁义行。

敬，礼之舆也，不敬则礼不行。

敬者，礼之神也，神运乎仪文之中，然后安以敏而天下孚之。

「恭敬、撙节、退让以明礼」，仁之至也，爱道之极也。

敛情自约以顺爱敬之节，心之不容已而礼行焉；不崇己以替天下，仁爱之心至矣。故复礼为仁之极致，心之德，即爱之理也。

己不勉明，则人无从倡，道无从弘，教无从成矣。

既明其理，尤详其事，君子之所以耄而好学，有余善以及天下后世也。

礼，直斯清，挠斯昏，

顺天理自然之节文为直；众论起而挠之，奉吾直而折之乃不乱。欧阳修、张孚敬皆成乎一说，惟其曲而不直也。敔按：濮议及兴献帝谥说，行乎一时而理不顺乎人心，故曰「曲而不直」。

和斯利，乐斯安。

顺心理而直行，和于人心而己心适矣；安而利，孰得而挠之！退让为节，直清为守，合斯二者而后可以言礼。

将致用者，几不可缓；

心之初动，善恶分趣之几，辨之于早，缓则私意起而惑之矣。

思进德者，徙义必精；

辨其几，则已取义矣；而义必精而后尽理之极致，故进此而研之以充类至尽。

此君子所以立多凶多惧之世，乾乾德业，不少懈于趋时也。

义精，则有以处凶惧而无不正矣。趋时者，与时行而不息，宵昼瞬息，皆有研几徙义之功也。

「动静不失其时」，义之极也。

动静，以事言，谓行止进退也。不失其时者，顺天下之大经，合于时之中，研几速而徙义精，一于正也。

义极则光明著见，

晓然可以对于天下后世而无不白之隐。

唯其时，物前定而不疚。

物，事也。前定者，义精而诚立，因时必发而皆当。

有吉凶利害，然后人谋作，大业生；

此屈伸相感之机也。故尧有不肖之子，舜有不顺之亲，文王有不仁之君，周公有不轨之兄，孔子有不道之世，皆惟其时而精其义，归于大正。

若无施不宜，则何业之有！

无施不宜，所遇皆顺也。知此，则不怨不尤，而乐天敦仁于不息矣。

「天下何思何虑」，行其所无事，斯可矣。

所谓天下有道不与易也。处变则不怨尤，处常则不妄作，皆与时偕行之精义，非以己意思虑之。

旧本分为二，今合之。

知崇，天也，形而上也；通昼夜而知，其知崇矣。

知崇者，知天者也，知形而上之神也。化有晦明而人用为昼夜，神则不息，通昼夜而无异行；略屈伸之迹而知其恒运之理，知合于天，崇矣。时有屈伸而君子之神无间，易曰「知崇法天」，法其不息也。

知及之而不以礼性之，非己有也。

礼之节文见于事为，形而下之器，地之质也。性，安也。形而上之道，有形而即丽于器，能体礼而安之，然后即此视听言动之中，天理流行而无不通贯，乃以凝形而上之道于己，否则亦高谈性命而无实矣。

故知礼成性而道义出，如天地位而易行。

知极于高明，礼不遗于卑下，如天地奠位而变化合一，以成乎乾、坤之德业，圣学所以极高明而道中庸也。

知德之难言，知之至也。

天下之所言者，道而已。德则通极于天，存之以神，和之于气，至虚而诚有，体一而用两；若倚于一事一念之所得而畅言之，则非德矣。知已至，乃知其言之难。

孟子谓我于辞命而不能，又谓浩然之气难言，易谓不言而信，存乎德行，又以尚辞为圣人之道，非知德，达乎是哉？

圣贤知德之难言，然必言之而后自信其知之已至，故以尚辞为道之极致。「性与天道不可得而闻」，「修辞立诚」，言其所自知，非中人以下所可与闻也。

暗然，修于德也；

入德以凝道。

的然，著于外也。

附托于道而不知德。

作者篇

此下四篇，皆释论语、孟子之义，其说有与程、朱异者。盖圣贤之微言大义，曲畅旁通，虽立言本有定指，而学者躬行心得，各有契合，要以取益于身心，非如训诂家拘文之小辨。读者就其异而察其同，斯得之矣。

「作者七人」，伏羲、神农、黄帝、尧、舜、禹、汤，制法兴王之道，非有述于人者也。

周监于二代，则亦述而已矣。夫子言此，以明作者既盛，则道在述而不容更作。若嬴秦之坏法乱纪与异端之非圣诬民，皆妄作之过也。

以知人为难，故不轻去未彰之罪；以安民为难，故不轻变未厌之君。

谓尧不知诛四凶也。变者，诛其君而别立君，谓三苗也；三苗不服，民犹从之。

及舜而去之，

摄位时事。

尧君德，故得以厚吾终；舜臣德，故不敢不虔其始。

君以容蓄厚载为德，臣以行法无私为德，所以皆合时中。

「稽众舍己」，尧也；「与人为善」，舜也；「闻善言则拜」，禹也；「用人惟己，改过不吝」，汤也；「不闻亦式，不谏亦入」，文王也。

「惟己」，当作「惟其贤」。不闻、不谏，谓不待闻人之谏而旁求众论也。圣人之德，一于无我，至虚而受天下之善。

「别生分类」，孟子所谓「明庶物、察人伦」者与！

人物同受太和之气以生，本一也；而资生于父母、根荄，则草木、鸟兽之与人，其生别矣。人之有君臣、父子、昆弟、夫妇、朋友，亲疏上下各从其类者分矣。于其同而见万物一体之仁，于其异而见亲亲、仁民、爱(民)〔物〕〔一〕之义，明察及此，则由仁义行者皆天理之自然，不待思勉矣。

「象忧亦忧，象喜亦喜」，所过者化也，与人为善也，隐恶也，所觉者先也。

敔按：所

〔一〕「物」字依孟子改。

过者化，谓感人以诚；所觉者先，谓察理独精。

「象忧亦忧、象喜亦喜」之心，诚信之不可测者也，故必疑其为伪。约略言之，想见其心有此四者。盖圣人之心，大公无我，唯至仁充足，随所感通，即沛然若决江河而莫御，于天下且然，而况其弟乎！

「好问」，「好察迩言」，「隐恶扬善」，「与人为善」，「象忧亦忧，象喜亦喜」，皆行其所无事也，过化也，不藏怒也，不宿怨也。

圣人之心，纯一于善，恶之过于前，知其恶而已，不复留于胸中以累其神明，恶去而忘之矣。善则留，恶则去，如天地虽有不祥之物而不以累其生成。学者知此，则恶称人之恶而勿攻；若其恶不仁虽至，乃唯以自严而不加乎其身；所以养吾心之善气而泯恶于无迹，善日滋而恶日远，诚养心之要也。

舜之孝，汤、武之武，虽顺逆不同，其为不幸均矣。

瞽瞍底豫，顺也；桀放、纣诛，逆也。

明庶物，察人伦，然后能精义致用，性其仁而行。

舜惟一率其所生之性而审于亲疏轻重之辨，故人悦之，天下将归，皆不足以易其孺慕，而一言一动一举念之间，无非曲尽其为子之义，故坦然行之，无所忧疑，而终至于底豫，所谓性之也。

汤放桀，有惭德而不敢赦，执中之难也如是。

欲赦之则可无惭，而负上帝求莫之心；欲不赦则顺乎天，而于己君臣之义有所不安；择于二者之中，轻重之权衡难定，故虽决于奉天讨罪而惭终不释。

天下有道而已，在人在己不见其有间也，「立贤无方」也如是。

乃其得天下以后不以己意行爵赏，明其本志唯在化无道为有道，与天下之贤者共治之，而昔之致讨有罪，非己私而可无惭于天下，曲折以合于义，所谓反之也。事至于不幸，虽圣人难之矣。明物察伦以安于仁，此易简之理所以配至德，非汤、武之所几及也。

「立贤无方」，此汤之所以公天下而不疑；

初行放伐之时，必且疑贤者之效尤，汤唯无求固其位之心，故天下安之。汉诛功臣，宋削藩镇，皆昧屈伸之义而己私胜也。

周公所以于其身望道而必吾见也。

旧注：「周公」上疑有「坐以待旦」四字。

「帝臣不蔽」，言桀有罪，己不敢违天纵赦；既已克之，今天下莫非上帝之臣，善恶皆不可掩，惟帝择而命之，己不敢不听。

汤放桀而不即自立，欲唯天所命、民所归而戴之为君，其公天下之心如是。所以既有天下之后，立贤无方，不倚亲臣为藩卫，如周之监殷，张子以此独称汤而略武王。

「虞、芮质厥成」，讼狱者不之纣而之文王。文王之生所以縻系于天下，由(于)多助于四友之臣故尔。

縻系，为人所系属。文王无求天下归己之心，乃四友之臣宣其德化而天下慕之尔。

以杞包瓜，文王事纣之道也。

杞柳为筐也，瓜易坏者，包槭而藏之，使无急坏。

厚下以防中溃，尽人谋而听天命者与！

纣之无道极矣，周虽不伐，天下必有起而亡之者。文王受西伯之命，以德威镇天下，故文王不兴师，天下不敢动，厚集其势，防中溃之变，所为尽人谋以延商者至矣。必天命之不可延而后武王伐之，天之命也，非己所愿也，斯其所以为仁至义尽，而执中无难，非汤、武之所可及与！

上天之载，无声臭可象，正惟仪刑文王，当冥契天德而万邦信悦。

文王之德，天德也，故法文王即合天载，求诸有可效者也。天之聪明自民聪明，故万邦作孚为契天之验。

故易曰：「神而明之，存乎其人。」

心存文王之所以为文，则神明之德在矣。

不以声色为政，不革命而有中国，默顺帝则而天下自归者，其惟文王乎！

不以声色为政者，非废声色也；有其心乃有其事，则物无不诚，而不于号令施为求民之从。其顺帝则以孚民志者，皆积中发外，因时而出，天下自悦而信之。

可愿可欲，虽圣人之知，不越尽其才以勉焉而已。

越，过也。圣人之愿欲广大，而不过尽其才之所可为，人道尽而帝则顺，屈伸因乎时也。

故君子之道四，虽孔子自谓未能；博施济众，修己安百姓，尧、舜病诸。是知人能有愿有欲，不能穷其愿欲。

有愿欲而欲穷极之，墨、释所以妄而淫。

「周有八士」，记善人之富也。

富，众也；贤才出，国所以昌。

重耳婉而不直，小白直而不婉。

婉则谲，直则正；故君子之道恒刚，小人之道恒柔；刚以自遂，柔以诱人。

鲁政之弊，驭法者非其人而已；齐用管仲，遂并坏其法，故必再变而后至于道。

法存则待人以修明之而已；法坏而欲反之于正，条理不熟，既变其法，又待其人，必再变而后习而安之。法者，先王礼乐刑政之大经，如中庸所谓「九经」是也。

孟子以智之于贤者为有命，如晏婴智矣，而独不智于仲尼，非天命邪！

性命于天，而才亦命于天，皆命也。晏婴才有所（敝）〔蔽〕，不足以至于孔子之广大，若是非之性则无以异也。仁义礼智之体具于性，而其为用必资于才以为小大偏全。唯存神尽性以至于命，则命自我立，才可扩充以副其性，天之降才不足以限之。故君子于此，以性为主而不为命之所限。

山（棨）〔节〕〔一〕藻棁为藏龟之室，祀爰居之义，同归于不智，宜矣。

龟虽神物，而神非以其形也；媚其形器，不足以知神之所在，则与祀海鸟之愚同。

使民义，不害不能教（当作「养」）；爱犹众人之母，不害使之义。礼乐不兴，侨之病与！

义与爱，不相悖而相成，子产庶几知阴阳屈伸合同而化之道，则礼乐之兴达此而行尔。病而未能，故谓其有君子之道，言已得其道而惜其未成也。

献子者忘其势，五人者忘人之势；不资其势而利其有，然后能忘人之势。

〔一〕「节」字依论语改。

人之势于己何有；而不忘之，必其资而利之也。无所求，则见有道而已。

若五人者有献子之势，则反为献子之所贱矣。

己忘之而人顾不能忘，此流俗之所以可贱也。

颛臾主事东蒙，既鲁地，则是已在邦域之中矣，虽非鲁臣，乃吾社稷之臣也。

诸侯祀境内山川，而社稷为群祀之主，则颛臾必供祀事于鲁。诗称「锡之附庸」，其为供祀之臣（可）明矣。

张子正蒙注卷六

衡阳王夫之撰

三十篇

三十器于礼，非强立之谓也。

尽其用之谓器，无动非礼，则立人之道尽矣。

四十精义致用，时措而不疑。

礼之所自出，义之当然也，精之，则尽变矣。

五十穷理尽性，至天之命，然不可自谓之至，故曰知。

义者因事而措理，则其合一之原也。理原于天化之神而为吾性之所固有，穷极其至，一本而万殊，则吾之所受于天者尽，而天之神化，吾皆与其事矣。不可谓至者，圣人自谦之辞。知，犹与闻也。

六十尽人物之性，声入心通。

合天之化而通之于物理，则人物之志欲情理，皆知其所自而随感即通，处之有道矣。物之相感也莫如声，声入心通，不待形见而早有以应之。

七十与天同德，不思不勉，从容中道。

穷理尽性之熟也。圣功之极致，与天合德，而其所自成，则以执礼精义为上达之本。盖礼，器也，义，器与道相为体用之实也；而形而上之道丽于器之中，则即器以精其义，万事万物无不会通于至诚之变化，故曰「下学而上达，知我者其天乎！」天之为德，不显于形色，而成形成色，沦浃贯通于形色之粗，无非气之所流行，则无非理之所昭著。圣功以存神为至，而不舍形色以尽其诚，此所以异于异端之虚而无实，自谓神灵而实则习不察、行不著也。

常人之学，日益而不自知也。

学则必有益矣；闻见之力忽生其心，故不自知其所以益。

仲尼学行习察，异于他人，

学则行之而无所待，习则察其所以然，是其圣性之自然合道；而所志者天德，闻见日启而不恃闻见以知，皆诚于德而明自诚生也。

故自十五至于七十，化而知裁，其德进之盛者与！

学而行，无滞于行，则已行者化；习而察，则不执所习，而参伍以尽其变，故不执一德而裁成万理；德进之盛，殆由此与！盖循物穷理，待一旦之豁然，贤者之学，得失不能自保，而以天德为志，所学皆要归焉，则一学一习皆上达之资，则作圣之功当其始而已异。此张、朱学诲之不同，学者辨之。

穷理尽性，然后至于命；尽人物之性，然后耳顺，与天地参；无意、必、固、我，然后范围天地之化，从心而不逾矩；

知命，从心，不逾矩，圣德之效也。有圣学而后圣德日升，圣学以穷理为之基，而与天地参者，灼见天地之神，穷理之至也。

老而安死，然后不梦周公。

此七十后圣心之妙也。范围天地之化，则死而归化于天，无不安者，屈伸自然无所庸其志也。诗曰「文王在上，于昭于天」，此之谓与！

从心莫如梦。

物无所（感）〔凭〕，自然而如其心之所志。

梦见周公，志也；

志则非时位所能为而志之。

不梦，欲不逾矩也，

矩，天则也。范围天地之化，屈伸行止，无往而不在帝则之中，奚其逾！

不愿乎外也，

无往而非天理，天理无外，何逾之有！

顺之至也，

于天皆合，则于物皆顺。

老而安死也，

顺自然之化，归太和絪缊之妙，故心以安。

故曰「吾衰也久矣」。

形衰将屈，神将伸也。

困而不知变，民斯为下矣；不待困而喻，贤者之常也。

未尝处困而能喻乎道，贤矣。然因常而常，则喻其当然，而屈伸动静之变有不察者。

困之进人也，为德辨，为感速，孟子谓「人有德慧术知者存乎疢疾」以此。

困之中必有通焉，穷则变，变则通。不执一之道，惟困而后辨之，人情物化变而有常之理，亦惟困而后辨之，故曰其德辨。心极于穷，则触变而即通，故曰其感速。不待困而喻者，知其大纲，忘其条理，因循故常，虽感亦不能速辨。

自古困于内无如舜，困于外无如孔子。以孔子之圣而下学于困，则其蒙难正志，圣德日跻，必有人所不及知而天独知之者矣，故曰「莫我知也夫！」「知我者其天乎！」

无生安之可恃而不倚于学，迫其神明以与道合，下学之事也。正志者，正大经也。万变而反于大经，非贤者以下所知，惟天屈伸聚散，运行于太极之中，具此理尔。义日精，仁日熟，则从心不逾，困之所得者深矣。然则处常而无所困者，将如之何？境虽通而一事一物之感，一情一意之发，严持其心，临深履薄而不使驰驱，以研几于极深而尽性于至隐，则安利之境，不忘困勉之心，圣功在是。故知不待困而喻者，虽贤于人，终不可至于圣也。

「立斯立，道斯行，绥斯来，动斯和」，从欲风动，神而化也。

存礼乐刑政之神而达其用，以尽人物之性，与天之曲成万物者通理，则民有不自知其所以然，而感动于不容已者矣。

仲尼生于周，从周礼，故公旦法坏，梦寐不忘为东周之意；使其继周而王，则其损益可知矣。

礼随时为损益，义之所以精也，中道也，大经也。为周人则志周礼、继周王则且必变通之。

滔滔忘反者，天下莫不然，如何变易之？

述桀溺之意，所言亦近是。

「天下有道，丘不与易。」知天下无道而不隐者，道不远人；且圣人之仁，不以无道必天下而弃之也。

道不远人，有人斯可行道，定公之君，季斯之臣，三月而鲁大治，非孔子与以所本无也。即不我用，圣人不忍弃之。天不以嚚讼而夺小人之口体，不以淫邪而夺小人之耳目，自尽其化而已。

仁者先事后得，先难后获，故君子事事则得食；不以事事，「虽有粟，吾得而食诸」！仲尼少也国人不知，委吏乘田得而食之矣；及德备道尊，至是邦必闻其政，虽欲仕贫，无从以得之。

位望既尊，不可复为卑官。

「今召我者而岂徒哉」，庶几得以事事矣，而又绝之，是诚系滞如匏瓜不食之物也。

人不能不食，虽圣人必以事食；不能不食，则不能不事事，故急于事，不轻绝人。此言虽浅，而学者以此存心，则饱食终身，为天地民物之累，亦尚知愧乎！

不待备而勉于礼乐，「先进于礼乐」者也；

先，谓未备物而急于行；后，谓备物而后行。礼乐不可斯须去身，故急于行者不待物之备。

备而后至于礼乐，「后进于礼乐」者也。

治定制礼，功成作乐，圣人而在天子之位，乃建中和之极。君子、野人，以位言。

仲尼以贫贱者必待文备而后进，则于礼乐终不可得而行矣，故自谓野人而必为，所谓「不愿乎其外」也。

素位行道，而无所待于大行。

功业不试，则人所见者艺而已。

艺，六艺也。圣人之德，非人所可测，则人见其功；道不行，则人但见其艺。功与艺有大小，而盛德之光辉不可掩，则一也。

凤至图出，文明之祥，伏羲、舜、文之瑞；不至则夫子之文章知其已矣。

文章，谓制礼作乐、移风易俗之事。圣德默成万物，不因隐见而损益，文章则不可见也。

鲁礼文阙失，不以仲尼正之，如有马者不借人以乘习。

借，犹请也。谓马未驯习，必假请善御者调习之乃可乘，喻鲁君不能正礼乐，当假夫子修习之。

不曰礼文而曰「史之阙文」者，祝史所任，仪章器数而已，举近者而言约也。

浅近易知者且阙失之，况其大者。「犹及」，谓力能任之；「今亡矣夫」，叹其终不可得而正矣。

师挚之始，乐失其次，徒洋洋盈耳而已焉。

有声无律，则其音滥。

夫子自卫反鲁，一尝治之，其后伶人贱工识乐之正。及鲁益下衰，三桓僭妄，自太师以下，皆知散之四方，逾河蹈海以去乱。圣人俄顷之助，功化如此，「用我者期月而可」，岂虚语哉！

圣人顺大经而存神，故感人心之速如此。

「与与如也」，君或在朝在庙，容色不忘向君也。

与与，相授貌。心尽乎君，则容色不贰。

「君召使摈，趋进翼如」；自注：此翼如，左右在君也。

向君而趋，如两翼之夹身也。知非张拱者，近君不宜自为容。

「没阶，趋进翼如」。自注：张拱而翔。「进」字衍文。

文同而义异，上以向君，下以自饬也。

「宾不顾矣」，相君送宾，宾去则白曰「宾不顾而去矣」，纾君敬也。

敬无所施而过于恭，则自辱。

上堂如揖，恭也；

致圭于主，君当尽其恭。

下堂如授，其容纾也。

受命于君，已执圭而反于次，敬可少纾矣。

冉子请粟与原思为宰，见圣人之用财也。

财以成用，当其可则义精矣。

圣人于物无畔援，虽佛肸、南子，苟以是心至，教之在我尔，不为已甚也如是。

畔援，君子必与君子为类，交相倚也。　圣人尽人物之性，在我者无不诚，不倚于物，故不为已甚，绝恶人以自表异。

「子欲居九夷」，不遇于中国，庶遇于九夷，中国之陋为可知。

九夷之陋陋于文，中国之陋陋于心。

欲居九夷，言忠信，行笃敬，虽蛮貊之邦可行，「何陋之有！」

圣人之化不可测，而大经之正，立诚而已矣。

栖栖者，依依其（居）〔君〕而不能忘也；

疑微生亩之言，因孔子迟迟去鲁而发。

固，犹不回也。

执一必往之念，去则不可止。

仲尼应问，虽叩两端而竭，

即下学之中，具上达之理。

然言必因人为变化。所贵乎圣人之词者，以其知变化也。

尽人之性而知之明，则原于善而成乎偏者，洞知其所自蔽，因其蔽而通之，变化无方而要归于一，是其因人而施之教，未尝不竭尽上达之旨矣。

「富而可求也，虽执鞭之士，吾亦为之」，不惮卑以求富，求之有可致之道也；

此小人之设心则然。

然〔则〕〔得〕乃有命，是求无益于得也。

曲谕小人，使知返而自安于命。

爱人以德，喻于义者常多，故罕及于利；

圣人之徒，正义而不谋利，无庸复与言利。

尽性者方能至命，未达之人，告之无益，故不以亟言；

求道于天而不求道于己，无益于进德。

仁大难名，人未易及，故言之亦鲜。

尽天下之理，皆吾心之恻然而动，不容已者；执事以言之，则倚于一曲而不全。

颜子于天下，「有不善未尝不知，知之未尝复行」，

诚立而几明，则自知审，而即以验天下，无不知也；因人之不善以自警，则终身不行。

故怒于人者，不使加乎其身，愧于己者，不辄贰之于后也。

人有不善，则怒之矣；己不效尤，不使人将怒己，故曰不迁。贰，犹复也。此颜子力行之功，故夫子许为好学之实。

颜子之徒，隐而未见，行而未成，

未（事）〔仕〕，故道不达；早亡，故所求之志未竟。

故曰「吾闻其语而未见其人也。」

所以知此为颜子之类言者，以用舍行藏知之。

「用则行，舍则藏，惟我与尔有是夫！」颜子龙德而隐，故遁世不见知而不悔，与圣者同。

学以聚之，问以辨之，宽以居之，仁以行之，颜子之学，见龙之德也，可以利见，而时在潜则潜。所学者圣学，故道同于圣。

龙德，圣修之极也；

修之极而圣德纯，则屈伸一致而六龙可御。

颜子之进，则欲一朝而至焉，「可谓好学也已矣」。

所谓大其心则能体天下之物也。大学之道，止于至善；近小自期，非学也。

「回非助我者」，无疑问也；

大其心而正大经，则虽所未知，而闻言即贯，无疑则无容问矣。

有疑问，则吾得以感通其故而达夫异同者矣。

道有异同，推其异以会其同，学者当自求而得之。待教而喻，虽达异同，其所达者犹有方也。圣人因问而曲尽教思之无穷，然非学者进德之实益。

「放郑声，远佞人」。颜回为邦，礼乐法度不必教之，惟损益三代，盖所以告之也。

「三」，当作「四」。言行，言乘，言服，言韶舞，则皆现成之辞，是其度数文章，颜子皆已知之，不待详教，但告之损益而已。

法立而能守，则德可久，业可大；郑声、佞人能使为邦者丧所以守，故放远之。

德立而业成，于君道无憾矣。以郑声、佞人为不足虑而姑置之，终为盛德之累，且潜移风会而不知。唯守之纯一，而淫邪之微疵必谨，则君心一，百官正，风俗醇，可久可大之道，纯王之德也。

「天下有道则见，无道则隐」，「君子疾没世而名不称」。

二者疑于不相通。

盖士而怀居，不可以为士，必也去无道，就有道。

春秋之世，诸侯之国皆可仕，故不当怀土重迁而必去之。

遇有道而贫且贱，君子耻之。举天下无道，然后穷居独善，不见知而不悔，

夫子所以周流列国而后反鲁以老。

中庸所谓「惟圣者能之」，仲尼所以独许颜回「唯我与尔为有是」也。

无我之至，龙德而时中，夫子圣而颜子以此为学。

仲由乐善，故车马衣裘，喜与贤者共敝；

子路所友，必其贤也；乐人之善，外见之仁也。

颜子乐进，故愿无伐善施劳；

进而不已，不见有可伐可施，乐己之进无穷，内修之仁也。

圣人乐天，故合内外而成其仁。

天者，理之无间者也。安之，信之，怀之，内尽于己者至；老安，友信，少怀，外及于物者弘。合人于己而已无非天，颜子所欲进者此，而未逮尔。

子路礼乐文章，未足尽为政之道，以其重然诺，言为众信，故「片言可以折狱」，如易所谓「利用折狱」，「利用刑人」，皆非爻卦盛德，适能是而已焉。

噬嗑啮而合，非天理之自然；蒙三未出乎险，圣功不就，皆非盛德事。

颜渊从师，进德于孔子之门，孟子命世，修业于战国之际，此所以潜见之不同。

命世，世无人而已任责于天也。二子皆学孔子，而因时为位，无成心以执一，所以为善学。

犁牛之子，虽无全纯，然使其色骍且角，纵不为大祀所取，

大祀为郊庙。

次祀小祀终必取之，言大者苟立，人所不弃也。

大者，大节不失也。此教仲弓以用人之道，与「先有司、赦小过」意同。

有德篇

此篇亦广释论、孟之义而开示进修之方，尤切身心之用，诚学者所宜服膺也。

「有德者必有言」，能为有也；

言以垂世立教，兴起天下而天下赖之，圣贤所以死而不亡。

「志于仁而无恶」，能为无也。

不以己私累天下，天下无所损，安而忘之。张子此言，以警学者至矣。纵欲趋利，则天下求无其人而不得，是人类之狠蚉也。

行修言道，则当为人取，

道，顺于道也。取，取法也。

不务徇物强施以引取乎人，故往教妄说，皆取人之弊也。

君子之教，思无穷而道在己，则有志者自来取法；若不可与言而与言，必姑屈其说以诱使企及，成乎妄矣。往教之弊，终于妄说，枉己者未有能正人也。

「言不必信，行不必果」，志正深远，不务硁硁信其小者。

反大经则正，达天德则深，循大常则远。

辞取达意则止，多或反害也。

旁及则害于本意。

君子宁言之不顾，不规规于非义之信；宁身被困辱，不徇人以非礼之恭；宁孤立无助，不失亲于可贱之人。三者知和而能以礼节之也，

言必于信，恭以免辱。不择人而与亲，所以和天下也。以礼节之者，以礼立身，虽不与世侮而终不枉己，所以节和而不流。

与上有子之言，文相属而不相蒙者。凡论语、孟子发明前文，义各未尽者，皆挈之。他皆放此。

挈，相引而及也。

德主天下之善，
主，所要归也。德得于心，而必以人心之同然者为归；偏见自得之善，非善也。
善原天下之一。
原，所从出也。天下者，万事万物之富有，而皆原天道自然之化，阴阳相感，刚柔相济，仁义相成，合同而利用者也。若随其偶感之几，立异同以成趋尚，则有不善者矣。
善同归治，故王心一；
期于善天下而已。张弛质文，善不同而同治，王心定也。一者，括万理而贯通之。
言必主德，故王言大。
政教号令，因时因事，而皆主于心之所得以感人心之同得，则言约而可以统博，推之四海，垂之百世，咸为法则。此言王者之心，本于一原而散于万有，体天地民物之理，全备而贯通之，故随时用中，一致而百虑，异于执见闻以为我，私偏尚而流于霸功也。
言有教，
言皆心得而可为法则。
动有法，

动审乎几而不逾乎闲。

昼有为，

日用皆察著而力行之。

宵有得，

静思以精义。

息有养，

物无时不相引，而静正以养之，勿使牿害。

瞬有存。

心易出而外驰，持理勿忘以因时顺应。此张子自得之实修，特著之以自考而示学者。其言严切，先儒或议其太迫。然苟息心以静，而不加操持严密之功，则且放逸轻安，流入于释、老之虚寂；逮其下流，则有如近世王畿之徒，汩没诞纵，成乎无忌惮之小人。故有志圣功者，必当以此为法。

君子于民，导使为德而禁其为非，不大望于愚者之道与礼，谓道民以言，禁民以行，斯之谓尔。

文义未详，疑有阙误。大略谓不过望愚民而严为之禁，但修之己者，言可法，行可则，以示民而感之使善。

无征而言，取不信、启诈妄之道也。

以意度之，以理概之，虽其说是而取人不信，且使诈妄者效之，而造伪说以诬世。

杞、宋不足征吾言则不言，

得其大指，可以义起，而终不言。

周足征则从之，故无征不信，君子不言。

言天者征于人，言心者征于事，言古者征于今，所谓「修辞立其诚」也。

便僻，足恭；善柔，令色；便佞，巧言。

无识者取友，取此而已。故君子择交，莫恶于易与，莫善于胜己。己不逮而恶人之骄，自弃者也。「僻」，当作「辟」。

节礼乐，不使流离相胜，能进反以为文也。

流于彼，则离于此矣。礼主于减，所以裁抑形神而使不过；然必进以为文者，鼓动其欢欣畅达之情以行礼，则无强制不安而难继之忧。乐主乎盈，以舒志气而使乐于为善；然必反以为文者，收敛神情，如其自得者而乐之，则无随物以靡、往而不复之伤。盖礼乐互相为节而成章，其数精，其义得，其合同而化之神，斯须不去而节自著，故乐之不厌。

骄乐，侈靡；宴乐，宴安。

其气骄者其用物必侈，侈则愈骄；其心好乐者必偷安，则愈不知戒惧。

言形则卜如响，

言形，谓可名言所疑，使卜人正告鬼神，无暗昧不可言之隐。

以是知蔽固之私心，不能默然以达于性与天道。

性者，神之凝于人；天道，神之化也。蔽固者为习气利欲所蔽，虽有测度性天之智而为所固隘，必且有意与天违之隐，不得已而托于默以自匿，是其求明之心，早与性天之廓然大公、昭示无隐者相违，亦犹怀私而不能昌言者，卜而神不告也。陆、王之学多所秘藏，与释氏握拳、竖拂同其诡閟，盖弗能洞开心意以通极于天则，故若明若昧，无由测性天之实也。

人道知所先后，

谓笃亲不遗旧。

则恭不劳，慎不葸，勇不乱，直不绞，民化而归厚矣。

大经正则自得其和矣。合二章为一，亦挈前文之说，而于义未安。盖圣贤之言，推其极无不可以贯通，而义各有指，不可强合，此则张子之小疵。

肤受，阳也；其行，阴也。

以肤受激烈明愬，其迹阳也；险而隐，其情阴也。

象生，法必效，故君子重夫刚者。

象者心所设，法者事所著。肤受虽内阴而外阳，然其险谲不能终隐，则其后必茶然而自失，心柔则事必不刚也。刚者无欲而伸，有其心乃有其事，则纯乎阳，而千万人吾往矣。必言象法者，以凡人未有事而心先有其始终规画之成象，此阴阳之序，善恶之几，君子所必审察也。

归罪为尤，罪己为悔。

人归罪于己为尤，己既失而追自咎为悔。

「言寡尤」者，不以言得罪于人也。

言必于理之有征，人孰得而罪之。

「己所不欲，勿施于人」，能恕己以仁人也。

恕己，犹言如己之心。

「在邦无怨，在家无怨」，己虽不施不欲于人，然人施于己，能无怨也。

反仁，反礼而已。　此仁者存心之常定也。

「敬而无失」，与人接而当也；

亲疏尊卑各得其分谊。

「恭而有礼」，不为非礼之恭也。

恭以自靖，非徇物也。

聚百顺以事君亲，故曰「孝者畜也」，又曰「畜君者好君也」。

畜之为言聚也。孝子于亲，忠臣于君，孤致其心而不假于外，非期聚乎百顺也。然其诚之专至，则凡心之所念，身之所为，物之所遇，皆必其顺于君亲者而后敢为，则不期于事之顺而自无不顺矣，然后可以养亲之志而引君于道。

事父母先意承志，

意将动而先知之，则顺其美而几谏其失；志之所在，则承之以行而无违。

故能辨志意之异，然后能教人。

因礼文而推广之，于意言先，于志言承，则可从不可从分矣。意者，乍随物感而起也；志者，事所自立而不可易者也。庸人有意而无志，中人志立而意乱之，君子持其志以慎其意，圣人纯乎志以成德而无意。盖志一而已，意则无定而不可纪。善教人者，示以至善以亟正其志，志正，则意虽不立，可因事以裁成之。不然，待其意之已发，或趋于善而过奖之，或趋于不善而亟绝之，贤无所就而不肖者莫知所惩，教之所以不行也。

艺者，日为之分义，涉而不有，

得不居功。

过而不存，

不恃才而数为之。

故曰游。

所依者仁而已。艺者，仁之迹。

天下有道，道随身出；

身不徒出，道随以行。

天下无道，身随道屈。

道不可行，身必隐也。此谓爱身以爱道，见有道而不见有身。

安土，不怀居也；

怀则有所从违而不安。

有为而重迁，无为而轻迁，皆怀居也。

有为重迁，为利所(靡)〔縻〕也；无为轻迁，非义所当去，激于一往而去之。

「老而不死，是为贼。」幼不率教，长无循述，老不安死，三者皆贼生之道也。

率教、循述，以全生理；安死，以顺生气，老不安死，欲宁神静气以几幸不死。原壤盖老氏之徒，修久视之术者。屈伸，自然之理，天地生化之道也。欲干天化以偷生，不屈则不伸，故曰贼生。

乐骄乐则佚欲，

凡侈皆生于骄也。

乐宴安则不能徙义。

偷安则以义为繁难而外之，庄、告是也。

不僭不贼，其不忮不求之谓乎！

不忮，则不越分而妄作；不求，则不损物以利己；心平，则动皆无咎。

不穿窬，义也；谓非其有而取之曰盗，亦义也。恻隐，仁也；如天，亦仁也。故扩而充之，不可胜用。

仁义之全体具足于性，因推行而有小大尔。小者不遗，知天性之在人；大而无外，知人之可达于天。

自养，薄于人，私也；

欲希众而要誉。

厚于人，私也。

有意忘物。

称其才，

当作「财」。

随其等，无骄吝之弊，斯得之矣。

厚人者骄，自厚者吝。君子之用财，称物平施，心无系焉尔。

罪己则无尤。

引过自责，尽仁尽礼，尤之者妄人而已，不足恤也。

困辱非忧，取困辱为忧；

以取困辱为忧，则困辱不足忧矣。

荣利非乐，忘荣利为乐。

有道则若固有之。

「勇者不惧」，死且不避而反不安贫，则其勇将何施邪？不足称也；

人有气谊所激，奋不顾身，而不能安贫者，不受嘑蹴以死而受万钟。勇之所施，施于所欲而已。勇莫勇于自制其欲。

「仁者爱人」，彼不仁而疾之深，其仁不足称也；皆迷谬不思之甚，故仲尼卒归诸乱云。

思死与贫之孰重孰轻，则专致其勇于义矣；思彼之可疾惟其不仁，而我疾之甚，则自薄其爱，人将疾我矣。必内笃其仁而后爱笃以溥。

挤人者人挤之，侮人者人侮之。「出乎尔者反乎尔」，理也；

不仁、无礼者所应得。

势不得反，亦理也。

反则成乎相报无已之势，自反而无难于妄人，君子自尽容物之理。

克己行法为贤，

不(已)〔以〕荣利，失自守之道，克己之事也。审其宜而进退，行法之事也。

乐己可法为圣。

自有其乐，进退屈伸，因时而不累其心，皆得其中，允为行藏之法。

圣与贤，迹相近而心之所至有差焉。辟世者依乎中庸，没世不遇而无嫌，辟地者不怀居以害仁，辟色者远耻于将形，辟言者免害于祸辱，此为士清浊淹速之殊也。

知几则速，速则纯乎清矣。知几者，非于几而察之，心纯乎道，乐以忘忧，则见几自明。故曰「知几其神乎！」

辟世辟地，虽圣人亦同，然忧乐于中，与贤者、其次者为异，故曰迹相近而心之所至者不同。

贤者未免于忧，自克而已；圣人乐天，虽忧世而不以为闷。

「进贤如不得已，将使卑逾尊，疏逾戚」之意，与表记所谓「事君难进而易退则位有序，易进而难退则乱也」相表里。

君慎于进贤，非吝也；士慎于自进，非骄也；天位天职，非己所得私，君臣交慎，则天理顺而人能毕效矣。

「弓调而后求劲焉，马服而后求良焉，士必悫而后智能焉。」不悫而多能，譬之豺狼不可近。

君之取士，士之取友，以此求之则不失。悫者，人之恒心也，小人之误国而卖友者，唯无恒而已。

谷神能象其声而应之，

谷之虚而能应者曰神。象其声，无异响也。

非谓能报以律吕之变也，

以虚应物而能象之，仿佛得其相似者而已。不能穷律吕之变，不能合同于异，尽情理之微也。

犹卜筮叩以是言则报以是物而已，易所谓「同声相应」是也。

神之有方者，非能变者也。

王弼谓「命吕者律」，语声之变，非此之谓也。

命，犹倡也。律倡之，吕和之，而声之变乃备。律吕清浊、洪细之不同，合异而同，变乃可尽。故孤阳不生，独阴不成，至中之理，仁义不倚，君子之道，出处语默之不齐，命官取友之无党，高明沈潜之相济，中道之矩，神化之所以行也。若应所同而违所异，则小人之道矣。惟其中无主而量不宏，以谷神为妙用而不以诚也。

行前定而不疚，光明也。

前定者，非执一而固必之；正大经以应天下，昭然使人喻之。

大人虎变，夫何疚之有！

大经正而万变皆载其威，神行不同而心则一，所以不疚。

言从作乂，名正，其言易知，人易从。圣人不患为政难，患民难喻。

德礼之精意，民不能知，挈其要以定大经。故修辞立诚，圣人有其难其慎者，详则多疑，略则不喻。春秋之笔削，游、夏不能赞一辞，以此。

张子正蒙注卷七

衡阳王夫之撰

有司篇

有司，政之纲纪也。

素习其事，则大纲具悉。

始为政者，未暇论其贤否，必先正之，求得贤才而后举之。

正其职掌。

为政者迫于有为，急取有司而更易之以快一时之人心，而新进浮薄之士骤用而不习于纲纪，废事滋甚。惟任有司而徐察之，知其贤不肖而后有所取舍，则事之利病，我既习知，人之贤否，无所混匿，此远大之规存乎慎缓也。

为政不以德，人不附且劳。

劳，为民扰也。不本诸心得之理，非其至当，虽善而拂人之性。

「子之不欲，虽赏之不窃」。欲生于不足则民盗，能使无欲则民不为盗。假设以子不欲之物赏子，使窃其所不欲，子必不窃。故为政者在乎足民，使无所不足，不见可欲而盗必息矣。

田畴易，税敛薄，则所可欲者已足；食以时，用以礼，已足而无妄欲，即养以寓教，民不知而自化矣。

为政必身倡之，且不爱其劳，又益之以不倦。

以乾乾夕惕之心临民，则民化；以无为清静自逸，则民偷。

天子讨而不伐，诸侯伐而不讨；

自合六师曰讨，奉词合众曰伐。

故虽汤、武之举，不谓之讨而谓之伐。

「伐夏救民」，「燮伐大商」，皆曰「伐」，是也。虽无可奉之命，必正告诸侯，众允而后连师以伐。

陈恒弑君，孔子请讨之，

圣人于名必正，不轻言讨，必有所据。

此必因周制邻有弑逆，诸侯当不请而讨。

胡氏曰：先发后闻可也。

孟子又〔闻〕〔谓〕「征者上伐下，敌国不相征」，然汤十一征，非赐铁钺，则征讨之名，至周始定乎！

疑汤之已赐铁钺，又疑夏、商未定征伐之名，皆正名必谨乎微之意。

「野九一而助」，郊之外助也；「国中什一使自赋」，郊门之内通谓之国中，田不井授，故使什而自赋其一也。

助九一、赋十一者，助则公田之耕，其种饁皆上给也。郊，近郊。滕地方五十里，三十里外之远郊，非其境矣。

「道千乘之国」，不及礼乐刑政，而云「节用〔而〕爱人，使民以时」，言能如是则法行，不能如是则法不徒行，礼乐刑政亦制数而已尔。

节用，礼之本；爱人，乐之本；使民以时，则政简而刑不滥；制数皆借此以行慈俭，存心于万(物)〔化〕之原也。

富而不治，不若贫而治；

事得其理曰治。国不治，虽富而国必危。

大而不察，不若小而察。

尽民之情曰察。地大民众而不得民之情，民必不附。

报者，天下之利，率德而致。

自有德于人，不求报而自致。

善有劝，不善有沮，皆天下之利也。小人私己，故利于不治；

治，明辨也。德怨不报，苟利目前而已。

君子公物，利于治。

使天下乐于德而惮于怨，与人为善之公也。此明以德报怨为小人之术。

大易篇

此篇广释周易之指，有大义，有微言，旁及于训诂，而皆必合于道。盖张子之学，得之易者深，与周子相为发明。而穷神达化，开示圣学之奥，不拘于象数之末以流于术数，则与邵子自谓得伏羲之秘授，比拟分合，〔有鬻术射覆之俑〕者迥异，切问近思者所宜深究也。

大易不言有无；言有无，诸子之陋也。

明有所以为明，幽有所以为幽；其在幽者，耳目见闻之力穷，而非理气之本无也。老、庄之徒，于所不能见闻而决言之曰无，陋甚矣。易以乾之六阳、坤之六阴大备，而错综以成变化为体，故乾非无阴，阴处于幽也；坤非无阳，阳处于幽也；剥、复之阳非少，夬、姤之阴非微，幽以为缊，明以为表也。故曰「易有太极」，乾、坤合于太和而富有日新之无所缺也。若周子之言无极者，言道无适主，化无定则，不可名之为极而实有太极，亦以明夫无所谓无，而人见为无者皆有也。屈伸者，非理气之生灭也；自明而之幽为屈，自幽而之明为伸；运于两间者恒伸，而成乎形色者有屈。彼以无名为天地之始，灭尽为真空之藏，犹瞽者不见有物而遂谓无物，其愚不可瘳已。

易语天地阴阳，情伪至隐赜而不可恶也。

神化虽隐，变合虽赜，而皆本物理之固然，切生人之利用，故不可厌恶。

诸子驰骋说辞，穷高极幽，而知德者厌其言。

诸子论天人之理而终于无所行者，必不能与之相应，则又为遁辞以合于流俗，使人丧所守而波靡以浮沈于世。知德者，知其言之止于所不能见闻而非其实，故厌之。

故言为非难，使君子乐取之为贵。

可以通天下之志，成天下之务，盛德大业资焉，而有益于学，则君子乐取之。

易一物而三才：阴阳，气也，而谓之天；刚柔，质也，而谓之地；仁义，德也，而谓之人。

才以成乎用者也。一物者，太和絪緼合同之体，含德而化光，其在气则为阴阳，在质则为刚柔，在生人之心，载其神理以善用，则为仁义，皆太极所有之才也。故凡气之类，可养而不可强之以消长者，皆天也；凡质之类，刚柔具体可以待用，载气之清浊、柔强而成仁义之用者，皆地也；气质之中，神理行乎其间，而恻隐羞恶之自动，则人所以体天地而成人道也。易备其理，故有见有隐而阴阳分，有奇有偶而刚柔立，有得有失而仁义审，体一物以尽三才之撰也。「谓之」云者，天、地、人亦皆人为之名，而无实不能有名，无理不能有实，则皆因乎其才也。

易为君子谋，不为小人谋。

若火珠林之类，有吉凶而无善恶，小人资之谋利，君子取之，窃所未安。

故撰德于卦，

不但言吉凶，而必明乎得失之原，乾且曰「利贞」，况其余乎！贞虽或凶，未有言利而不贞者也。

虽爻有小大，

阴过为小，阳胜为大，失其时位，则得失殊矣。

及系辞其爻，必谕之以君子之义。

有小人之爻，而圣人必系之以君子之辞。剥之六五，阴僭之极，而告以贯鱼之义，或使君子治小人，或使小人知惧，不徇其失而以幸为吉。若火珠林之类，谋利计功，盗贼可以问利害，乃小人侥幸之术，君子所深恶也。

一物而两体，其太极之谓与！阴阳天道，象之成也；刚柔地道，法之效也；仁义人道，性之立也。

成而为象，则有阴有阳；效而为法，则有刚有柔；立而为性，则有仁有义；皆太极本所并有，合同而化之实体也。故谓「太极静而生阴，动而生阳」。自其动几已后之化言之，则阴阳因动静而著；若其本有为所动所静者，则阴阳各为其体，而动静者乃阴阳之动静也。静则阴气聚以函阳，动则阳气伸以荡阴，阴阳之非因动静而始有，明矣。故曰两体，不曰两用。此张子之言所以独得其实，而非从呼吸之一几，测理之大全也。

三才两之，莫不有乾、坤之道。

三才各有两体，阴阳、柔刚、仁义，皆太和之气，有其至健，又有其至顺，并行不悖，相感以互相成之实。

阴阳、刚柔、仁义之本立，而后知趋时应变，

三才之道，气也，质也，性也，其本则健顺也。纯乎阳而至健立，纯乎阴而至顺立，周易并

建乾、坤于首，无有先后，天地一成之象也。无有地而无天、有天而无地之时，则无有有乾而无坤、有坤而无乾之道，无有阴无阳、有阳无阴之气，无有刚无柔、有柔无刚之质，无有仁无义、有义无仁之性，无阳多阴少、阴多阳少、实有而虚无、明有而幽无之理，则屯、蒙明而鼎、革幽，鼎、革明而屯、蒙幽，六十四卦，六阴六阳具足，屈伸幽明各以其时而已。故小人有性，君子有情，趋时应变者惟其富有，是以可日新而不困。大易之蕴，唯张子所见，深切著明，尽三才之撰以体太极之诚，圣人复起，不能易也。邵子谓天开于子而无地，地辟于丑而无人，则无本而生，有待而灭，正与老、释之妄同，非周易之道也。

故「乾、坤毁则无以见易」。

乾、坤非有毁也，曲学之士，执所见闻偶然之象，而杂以异端之小慧，见乾则疑无阴，见坤则疑无阳，见夬、姤则疑无剥、复，见屯、蒙则疑无鼎、革，因幽之不可见而疑其无，则是毁之矣。毁乾、坤十二位之实体，则六十二位之错综，何据以趋时应变哉！

六爻各尽利而动，

筮之策，老则动而变，盖道至其极而后可以变通，非富有不能日新。尧仁极矣，而后舜可用其窜殛；文王顺极矣，而后武王可行其燮伐；德未盛而变，则妄矣。

所以顺阴阳、刚柔、仁义、性命之理也。

其动也有大有小，有当位有不当位，盖在天之气有温肃，在地之质有利钝，在人之性有偏倚，化不齐而究无损于太极之富有，其理固然，则虽凶而无悔，虽吝而无咎，善用之者皆可以尽天道人事之变而反其大经。故父顽而有至孝之子，国亡而有自靖之臣，极险阻以体易简，则何屈非伸，而天下之理无不得。易之为君子谋者，顺性命而变不失常也。

故曰「六爻之动，三极之道也」。

天、地、人所必有之变也。

阳遍体众阴，众阴共事一阳，理也。

体者，为之干而达其情以治之也。事，顺而承之也。此因时之变而言之，震、巽、坎、离、艮、兑，皆乾、坤之变也。若易之全体，乾、坤合德，君子小人同归于道，天理人欲，从心不逾，则为理之大宗，无所容其亢抑矣。

是故二君共一民，

争乱之端。

一民事二君，

立心不固。

上与下皆小人之道也；

上无让德，下有贰心，乱世之道，小人之时为之。以此而推，心无定主，而役耳目以回惑于异端，气不辅志，而任其便以张弛，皆小人之道。而忠信以为主，博学详说以反约，斯君子之所尚。明体适用之学，于此辨之而已。

一君而体二民，

容保者大。

二民而宗一君，

大一统。

上与下皆君子之道也。

上不泄忘，下无异志，治世之道，君子之时为之。

吉凶、变化、悔吝、刚柔，易之四象与！悔吝由赢不足而生，亦两而已。

天地之四象，阴、阳、刚、柔也；易之四象，则吉、凶、悔、吝也。吉凶，天之命，阴阳之变化也；悔吝，刚柔、赢不足之情，因乎地之质也；皆自两仪而生。纯阳为天，纯阴为地，而天有阴，地有刚，又各自为阴阳，二而四，四而合二，道本如是，非判然一分而遂不相有也。在天有阴阳，在阳有老少，在数有九七，在地有柔刚，在阴有老少，在数有六八，于是而四象成。故易一爻之中，有阴有阳，有老有少，而四象备焉。震、坎、艮之一阳，老阴所变；巽、离、兑之一阴，老阳所变；故曰「四象生八卦」。邵子乃画奇耦各一之象为两仪，增为二画之卦为四象，又增三画之卦为四画之卦凡十六，又增为五画之卦凡三十有二，苟合其加一倍之法，立无名无象无义之卦，则使因倍而加，极之万亿而不可象，非所谓致远恐泥者欤！

尚辞则言无所苟，

尙，谓尊信而效法之。易辞本阴阳之定体以显事理之几微，尙之，修辞皆诚矣。

尚变则动必精义，

少不变，以循礼之中也；老变，以达事之穷也；尙之，随时而求当，义必精矣。

尚象则法必致用，

推阴阳、刚柔、动止以制器，其用必利。

尚占则谋必知来。

因其时义以定吉凶，君子之谋与神合，知屈伸自然之理而顺之也。

四者非知神之所为，孰能与于此！

易具其理而神存乎其中，必知神之所为，显于象数而非徒象数，然后能学易而尽四者之用。王辅嗣之流，脱略象占，固有所未尽；而谓易但为占用，几与壬遁、火珠林等，则健顺毁而几无以见易。然则四尚之义，缺一而不足以知易，故善言易者，其唯张子乎！

易非天下之至精，则词不足待天下之问；

假设以启疑而断其必然也。天下之问至赜，易以易简之词尽之，问者各得焉，惟精于义而不倚形象之粗也。此言尚辞。

非深，不足通天下之志；

通天下之志，所以穷理也。此言尚变。

非通变极数，则文不足以成物，象不足以制器，几不足以成务；

极数，尽数之损益而止于其则，故大衍止于五十，乾、坤之策止于三百六十，卦止于六十四，爻止于三百八十四，变通而有极，故言而有物，行而有制，制器而适于用。此言尚象。

非周知兼体，则其神不能通天下之故，不疾而速，不行而至。乾、坤并建，阴阳六位各至，足以随时而相为隐显以成错综，则合六十四卦之德于乾、坤，而达乾、坤之化于六十有二，道足而神行，其伸不吝，其屈不悔，故于天下之故，遗形器之滞累，而运以无方无体之大用，化之所以不可知也。此明易之为道，圣人以天性之神，尽天地之妙，而立为大经，达为百顺，非其他象数之学所可与也。焦赣、京房、虞翻之流，恶足以知此，况如火珠林之鄙俗乎！

示人吉凶，其道显矣；

贞妄得失，吉凶必应其则，示天下以可知也。

知来藏往，其德行神矣；

吉凶未著，从其贞妄之性情而早知其变之必至，所以诏天下于德者，其用神也。

语蓍龟之用也。

用，所以前民而正其行也。

显道者，危使平，易使倾，惧以终始，其要无咎之道也。

吉凶之变，危而可使平，易而或以倾，得失争于善恶之几，能戒惧以持其终始，则要归于无咎，其道至约而昭示无隐，所谓显也，乃已成之象占也。

神德行者，寂然不动，冥会于万化之感而莫知为之者也。

道虽显于象占，而其所由然，不待事几之至前。设其理于阴阳未剖之先，豫以应天下之感，人之所以不能知者，易已早知而待之。唯其达乎屈伸动静之妙，故不俟时至事起而谋之，此不测之神因乎诚者也。

受命如响，故「可与酬酢」；

天道人事本通一而相酬答也。

曲尽鬼谋，故「可以佑神」。

佑，助也。鬼神之谋，奚能喻于人；而易曲尽以著其忠告，是赞助乎神也。

开物于几先，故曰「知来」；明患而弭其故，故曰「藏往」。

弭患于前而后效著于后，易之戒占者，其诒谋久远也。

极数知来，前知也。

前知者，非偶因一数之盈虚而测之；尽其数之所有，而万变皆尽，来者无穷，莫之能逾也。

前知其变，有道术以通之，君子所以措于民（也）〔者〕远矣。

变无常而道自行乎其中，劝进其善之利而戒以恶之所自积，则民咸可喻于君子之义，而天下万世共由以利用安身。

「洁静精微」，不（略）〔累〕其迹，知足而不贼，则于易深矣。

此释礼记经解之言而示学易之法。洁静者，不以私渎乱而洁清其志，静以待吉凶之至也。精微者，察其屈伸消长之理而研于义之所宜也。不累其迹者，因数而知象，数为象立，不泥于数，因象而穷理，象为理设，不执于象也。知足不贼者，止于义之所可，而不谋利计功，侥幸于吉之先见以害正命也。如此以学易，则可以寡过，以占筮，则知惧而无咎矣。彼执象数而役志于吉凶者，固不足以与于易也。

「天下之理得」，元也；

万事万物皆天理之所秩叙，故体仁则统万善。

「会而通」，亨也；

理无不通，故推而行之皆顺。

「说诸心」，利也；

利合于义，则心得所安。

「一天下之动」，贞也。

大经正，则随所动而皆不失其正，此推本而言之。谓乾具此四德，故以备万善而协于一也。四德分而体用自相为因，元、贞，体也；亨、利，用也；惟元统天下之理，故于事通而于心说。贞者，贞于其元。惟贞于仁，故通万变而心常安，乃必通乎事而理始咸得，说乎心而后居正不疑，则亨、利，用也而抑为体。故文言分析四德，而象则大亨而利正，其义一也。孔子之易，曾何异于文王哉！

乾之四德，终始万物，迎之随之不见其首尾。

天德之生杀，本无畛域；以一岁而言，循环往来，无有显著之辙迹，非春果为首，冬果为尾；以万物而言，各以其生杀为春秋，其春荣而冬落者，草木之凋者而已。盖四德随时而用，物亦随所受而见为德，此见为义者彼见为仁，絪緼一气之中，不倚一理以为先后，唯用之各得而已。故曰「天德不可为首」，有首有尾，则运穷于小成而有间断矣。

然后推本而言，当父母万物。象明万物资始，故不得不以元配乾；坤其偶也，故不得不以元配坤。

推其父母万物者而言之，则资始之德元为首；天生之即地成之，故资生之德元为首。然未生而生，已生而继其生，则万物日受命于天地，而乾、坤无不为万物之资，非初生之生理毕赋于物而后无所益。且一物有一物之始，即为一物之元，非天地定以何时为元而资之始生，因次亨、次利，待贞已竟而后复起元也。在人之成德而言，则仁义礼信初无定次。故求仁为本，而当其精义，则义以成仁；当其复礼，则礼以行仁；当其主信，则信以敦仁；四互相为缘起。此惟明于大化之浑沦与心源之寂感者，乃知元亨利贞统于乾、坤之妙，而四德分配之滞说，贞下起元之偏辞，不足以立矣。彖之以乾元坤元言资始资生者，就物之生，借端而言之尔。

此章旧分为二章，今合之。

仁统天下之善，礼嘉天下之会，义公天下之利，信一天下之动。

惟其会于一原，故时措之而无不宜。不然，则一德之用在一事，而能周乎天下哉！先儒皆以智配贞，而贞者正而固；循物无违，正也，终始不渝，固也，则贞之为信，明矣。即以木火金水言之，坎之彖曰「行险而不失其信」，则君子之取于水者，取其不舍昼夜之诚，非取其曲流委顺，遇员而员，遇方而方之诡随也。君子之智以知德；仁而不愚，礼而不伪，义而不执，信而不谅，智可以周行乎四德而听四德之用。智，知也，四德，行也。匪知之艰，惟行之艰，行焉而后可为德，易之言贞，立义精矣。张子之知德，迥出于诸子之上，于此信矣。

六爻拟议，各正性命，故乾德旁通，不失太和而利且贞也。

此释乾彖「乾道变化」四句之义，以龙德拟议，六爻之道，自潜而亢，各有性命之正；时位不齐，应之异道，而皆不违乎太和之理，则无不利而不失其正，此纯乾之所以利贞也。不然，因时蹈利，则违太和之全体而非贞矣。

颜氏求龙德正中而未见其止，故择中庸，得一善则拳拳服膺，叹夫子之忽焉前后也。

得浑沦合一之理，则随变化而性命各正，合太和之全体，颜子之所欲几及而未逮也。

乾三、四，位过中重刚，庸言庸行不足以济之，

九二得中，故庸言庸行足济。

虽大人之盛有所不安。外趋变化，内正性命，故其危其疑，

九三曰「厉」，九四曰「或」。

艮于见德者，时不得舍也。

舍，止也。以庸言庸行为可据之德，止而不疑，则时可舍而舍矣。乾之三四，虽大人之庸德可行，而大经之正，必旁通于危疑，德不易见，安能据自信而释其忧乎！舜以「不得乎亲不可以为人」为危疑，而后庸德可见，时为之也。

九五，大人化矣，天德位矣，成性圣矣，

历乎危疑而诚之至者，变无不通，故大化而圣。

故既曰「利见大人」，又曰「圣人作而万物睹」。

为天下所利见而天下化之，大人之进乎圣也。盖圣人之德，非于大人之外别有神变不测之道，但诚无不至，用以神而不用以迹，居德熟而危疑不易其心，及其至也，物自顺之而圣德成矣。

「亢龙有悔」，以位画为言，若圣人则不失其正，何亢之有！

上九之亢，圣人之穷，亦屈伸之常理，非圣人之亢有以致之。知进退存亡之必有，则安死全归而道合于太虚，况穷困乎！位画所值，圣人何疑焉！乾之六爻，纯乎龙德。九二之

学问宽仁，其本也；三、四之危疑，所以通乎变也；九五之利见，变而通也；上九之亢，屈伸之常也；相因而互成，此乾道之旁通而无不利者，不失其正也。

圣人用中之极，不勉而中；有大之极，不为其大。

仁熟则不待勉，义精则下学上达，不显其大，历乎危疑而成性，九五之德也。

大人望之，所谓绝尘而奔，峻极于天，不可阶而升〔者〕也。

大人闲邪存诚而后光辉达，故不能测圣之藏。

乾之九五曰「飞龙在天，利见大人」，乃大人造位天德，

造，七到反，至也。位，臻其域也。

成性跻圣者尔。

以乾道保合太和，历危疑而时乎中，大人义精仁熟而至乎圣，此孔子耳顺、从心之候也。

若夫受命（所）〔首〕出，则所性不存焉。

时至则圣人不违尔。

故不曰「位乎君位」而曰「位乎天德」，不曰「大人君矣」而曰「大人造也」。

乾体本六阳纯成，而自爻言之，有渐造之象焉。惟德则日跻而圣，若位则乘时以登，无渐升之理。以为自潜而见，历危疑跃飞而有天下，则是曹操、司马懿之妄干神器，皆大人矣。易不为小人谋，故必以言德者为正。

庸言庸行，盖天下经德达道，大人之德施于是者溥矣，

溥，周遍也。明伦察物，无所遗也。

天下之文明于是著矣。

秩叙明则礼乐兴。

然非穷变化之神以时措之宜，则或陷于非礼之礼，非义之义，

时变而执其常，则不中而非礼，不宜而非义。(虽)〔惟〕〔一〕尽人物之性，善恶、吉凶达乎天之并育并行不相悖害者以贞其大常，而后成己成物无有不化，此乾道之所以必历三、四之危疑，而始得时中以造飞龙之天德也。

此颜子所以求龙德正中，乾乾进德，思处其极，未敢以方体之常安吾止也。

颜子庸德已至，闲邪存诚，方进乎九三之惕厉，而未得九五之安止。方体之常，庸德之大

〔一〕「惟」字依文义改。

纲也，拳拳服膺之善也。

惟君子为能与时消息，顺性命，躬天德而诚行之也。

万物皆备于我而会屈伸于一致，乃能与物消息。若大经未正而急于乘时，则性命不顺，圣德之时中，与无忌惮之迹相似而实相(违)〔远〕也。诚行之者，无非心理之实然。

精义时措，故能保合太和，健利且贞，

时措则利，保(和)〔合〕则贞，而圣功唯在精义，精义则入神。

孟子所谓始终条理、集大成于圣智者与！易曰：「大明终始，六位时成，时乘六龙以御天。乾道变化，各正性命，保合太和，乃利贞。」其此之谓乎！

大明者，智之事也。天下之变不可测，而不能(起)〔超〕〔一〕乎大经，大经之法象有常，而其本诸心之不贰者，变化该焉。故庸德之修，进而历危疑以尽变，具知万变之不齐皆屈伸之常，天德之诚不息，则无屈不伸而万物皆睹；是智之事，非徒聪明之察，乃刚健不息，历变而常，力行精义而抵乎大明之效也。故乾卦阅潜、见、跃、飞而终始乎刚健，惟其不贰，是以不测，天德圣功，一而已矣。以卦象言之，天之纯乎乾，无渐者也；以卦之数言之，筮

〔一〕「超」字依文义改。

者自一奇以至于十八变，纯乎奇而得乾，有渐者也。卦言乾而不言天，天无为而运行有序，圣有功而成章始达，不得以天之浑成言乾，乾为天而卦非徒言天也。

成性则跻圣而位天德。

谓九五。

乾九二正位于内卦之中，有君德矣，而非上治也。

庸德尽于己，则秩叙正，可以君天下矣。非上治者，未能尽万物之性，以达其变而使之化也。

九五言上治者，言乎天之德，圣人之性，故舍曰君而谓之天。见大人，德与位之皆造也。

君德正己以正物，天德正己而物自正。位，谓德效之成。

大而得易简之理，当成位乎天地之中，时舍而不受命，乾九二有焉。

乾以易知，而兼言简者，九二以阳居阴也。君德成矣而不欲受命，知前之有危疑，必乾惕而不可止故也。

及夫化而圣矣，造而位天德矣，则富贵不足以言之。

善世而不伐，欲罢而不能，加以乾乾夕惕，乃造于圣；圣则无疑于受命，时出则有天下而不与，时未出则以匹夫行天子之事，非徒富贵也。位天德者，德即其位也。

「乐则行之，忧则违之」，主于求吾志而已，无所求于外。

此圣功之始，暗然为己之修也。

故善世博化，龙德而见者也；

龙之为龙一也，蛰而见，见而飞，龙无异道，而蛰以求伸，道日盛，善世博化，光辉不能隐也。充实之美而进乎大，可以见矣。

若潜而未见，则为己而已，未及人也。

为己可以及人，然必成章而始达。

「成德为行」，德成自信，则不疑所行，日见乎外可也。

诚有诸己而充实，无疑于见之行矣。此初九之驯至乎九二也。

乾九三修辞(亦)〔立〕诚，非继日待旦如周公，不足以终其业。

修辞所以成天下之务，立诚所以正在己之经。九二德成而可见之行，九三则修应世之业。业因物而见功，事赜而变不测，事变之兴，不易以达吾之义；惟处心危而历事敏，业乃可终。故九二立本，九三趋时，成章而达也。

九四以阳居阴，故曰「在渊」；

心隐而不能急喻诸物也。

能不忘于跃，乃可免咎。

含德自信而不求物之喻，可静而不可动，无以化天下，故必不忘跃。

「非为邪也」，终其义也。

然其不忘于跃，乃义之固然，变而不失其中，及物而非以失己，有密用焉，达此则可造于天德矣。义者，因时大正之谓；终其义，历险而成乎易也。

至健而易，至顺而简，

反天下之大经，无所间杂，故易简；天不能违，化物而倦，则健顺至矣。

故其险其阻，不可阶而升，不可勉而至。

心纯乎理，天下之至难者也；见闻之知，勇敢之行，不足以企及也。

仲尼犹天，「九五飞龙在天」，其致一也。

圣功熟则不测而天矣。

「坤至柔而动也刚」，乃积大势成而然也。

惟刚乃可以载物，地之载必积广厚，故曰地势坤。顺理之至，于物无挠，非老氏致柔之说也。

乾至健无体，为感速，故易知；

乾，气之健也。无体者，至健则不滞于一事，随方即应，可以御万理而不穷，故无所迟疑，洞达明示而易知。

坤至顺不烦，其施普，故简能。

坤，情之顺也。顺天而行，己无专见之能以烦扰争功，而乾之所至，随效法焉，故不言劳而功能自著。此以乾、坤之德言。

坤先迷不知所从，故失道；后能顺听，则得其常矣。

以顺为德者，无必为之志，而听乾之生，因而成之，则先无适从，而有所顺听乃得大常之理，所谓「无成有终」也，臣道也，妇道也，下学之道也。君子之学，以乾为主，知之而后效，故大学之始，必知止至善以立大经，而后循循以进，斯善用坤而不迷。

造化之功，发乎动，

不动则不生，由屈而伸，动之机为生之始，震也。

毕达乎顺，

动而顺其性，则物各自达，巽也。

形诸明，

毕达则形发而神见矣，离也。

养诸容，

不息其长养，惟其厚德能容也，坤也。

载遂乎说，

能容则物自得而欣畅，兑也。

润胜乎健，

「润」字疑误。自得坚胜而成质，乾也。

不匮乎劳，

历险阻而各有以自成，坎也。

终始乎止。

成则止矣。止者，即止其所动之功，终始一，则艮也。此释「帝出乎震」一章之义，而以动为造化之权舆，则以明夫不动不止而历至于止，皆以善其动而为功。彼以无为为化源者，终而不能始，屈而不能伸，死而不能生，昧于造化之理而与鬼为徒，其妄明矣。

健、动、陷、止，刚之象；顺、丽、入、说，柔之体。

体，谓体性。此言八卦成能之用，故不言阴阳而言柔刚。

巽为木，萌于下，滋于上；

阴弱为萌，阳盛为滋。滋，盛也。

为绳直，顺以达也；

阴不违阳，故顺而直。达者，顺之功效。

为工，巧且顺也；

阴不亢而潜伏，巧也。顺者，顺物之理。

为白，所遇而从也；

遇蓝则青，遇茜则赤，阴从于阳，无定质也。

为长，为高，木之性也；为臭，风也，入也；

臭因风而入，鼻不因形而达。

于人为寡发广颡，躁人之象也。

阳亢于阴，故躁。凡言为者，皆谓变化之象也。万物之形体才性，万事之变迁，莫非阴阳、屈伸、消长之所成，故说卦略言之以通物理，而占者得其事应，皆造化必然之效。然可以理通而不可以象测，执而泥之，则亦射覆之贱术而已矣。

坎为血卦，周流而劳，血之象也；

入于险阻，故劳。血经营身中，劳则溢。

为赤，其色也。

血亦水谷之滋，得劳而赤。

离为乾卦，于木为科上槁，附且躁也。

「躁」，当作燥。一阴附于两阳，熯之而燥。

艮为小石，坚难入也；

阳止于上，下有重阴不能入。

为径路，通或寡也。

止则寡通。

兑为附决，内实则外附必决也；

阳盛，阴虽附之，必为所决绝。

为毁折，物成则上柔者必折也。

一阴孤立于上，不能自固。

坤为文，众色也；为众，容载广也。

一色表著曰章，众色杂成曰文。坤广容物，多受杂色。

乾为大赤，其正色；

此取乾南坤北之象。

为冰，健极而寒甚也。

又取乾位西北之象。于此见八卦方位，初无定在，随所见而测之，皆可为方，故曰「神无方，易无体」，无方而非其方，无体而非其体也。分文王、伏羲方位之异，术士之说尔。

震为萑苇，为苍筤竹，为旉，皆蕃鲜也。

旉，花也。蕃盛鲜明，动则荣也。

一陷溺而不得出为坎，一附丽而不能去为离。

一，奇画，读如奇。坎，阳陷阴中，入于坎窞；离，阴为主于内，二阳交附之。二卦皆以阳取义，不使阴得为主，扶阳抑阴之义。

艮一阳为主于两阴之上，各得其位而其势止也。易言光明者多艮之象，

卦有艮体，则系之以光明。

著则明之义也。

阳见于外为著。阳明昭示而无所隐，异于震之动也微，坎之陷也匿。

蒙无遽亨之理，由九二循循行时中之亨也。

初生始蒙，其明未著，无能遽通乎万事，惟九二得中，以阳居阴，循循渐启其明，则随时而养以中道，所以亨也。天之生人也，孩提之知识，惟不即发，异于雏犊之慧，故灵于万物；取精用物，资天地之和，渐启其明，而知乃通天之中也。圣人之教人，不能早喻以广大高明之极致，敷五教以在宽而黎民时变，循文礼以善诱而高坚卓立，不使之迫于小成而养之以正，圣人之中也。故曰「大学之教存乎时」。

「不终日贞吉」，言疾正则吉也。

善恶之几，决于一念；濡滞不决，则陷溺不振。

仲尼以六二以阴居阴，独无累于四，故其介如石；

欲而能反于理，不以声色味货之狎习相泥相取，一念决之而终不易。

虽体柔顺，以其在中而静，何俟终日，必知几而正矣。

小人之诱君子，声色货利之引耳目，急与之争，必将不胜，惟静以处之，则其不足与为缘之几自见，故曰「无欲故静」；静则欲止不行，而所当为之义以静极而动，沛然勇为而无非正矣。

坎维心亨，故行有尚；外虽积险，苟处之心亨不疑，则难必济而往有功也。

阳在内，心象也。二阴陷阳，险矣；而阳刚居中，秉正不挠，直行而无忧疑，忠臣孝子之所以遂志而济险，行其所当为，泰然处之而已。

中孚，上巽施之，下悦承之，其中必有感化而出焉者。盖孚者覆乳之象，有必生之理。（乳，音孺。）

中孚二阴在内，疑非施信之道；然以柔相感，如鸟之伏子，有必生之理，光武所谓「以柔道治天下」者，亦治道之一术也。

敔按：孟子曰：「中也养不中，才也养不才」，中孚者，养道也，必信乃能养也。

物因雷动，雷动不妄，

以其时出则固不妄。

则物亦不妄，

雷出而物生必信。

故曰「物与无妄」。

雷之动也，无恒日，无恒声，无恒处，此疑于不测而非有诚然，阳气发以应天，自与物候相感而不忒；圣人之动，神化不测，出人亿度之表，而乘时以应天，天下自效其诚。皆天理物性之实然，无所增损也。

静之动也，无休息之期，

众人之动，因感而动，事至而念起，事去而念息。君子于物感未交之际，耳目不倚于见闻，言动不形于声色，而不显亦临，不谏亦入；其于静也无瞬息之怠放而息，则其动也亦发迩而不忘远，及远而不泄迩，终身终日不使其心傀焉，此存心穷理尽性之学也。

故地雷为卦，言「反」又言「复」；

地，静体也；雷，动几也。反，止于静也；复，兴于动也。

终则有始，循环无穷。

事物有终始，心无终始。天之以冬终，以春始，以亥终，以子始，人谓之然尔；运行循环，天不自知终始也。谓十一月一阳生，冬至前一日无阳者，董仲舒之陋也。复之为卦，但取至静而含动之象，岂有时哉！卦气之说，小道之泥也。

入，指其化而裁成之尔；

入，非收视反听，寂静以守黑之谓也；化之未形，裁之以神而节宣其化，入者所以出也。「入」，坊本作「人」，盖误。

深，其反也；

极深以穷其理，反求之内也。

几，其复也；

反而具复之道。

〔故曰「反复其道」〕，又曰「出入无疾」。

其入不忘，故其出不妄，动静一致，而静不偏枯，动不凌竞矣。

益长裕而不设，益以实也；

益，损外卦四爻之阳以益初爻，使群阴得主，阳以富有之实而益人，故施之可裕，而非所不可损者强与之。盖益者否之变，益之以阳，所以消否。敔按：三阳三阴之卦，皆自否、泰而来，故曰「益者否之变」。

妄加以不诚之益，非益也。

非所当得而益之为不诚。

非渫而不食，强施行，恻然且不售，作易者之叹与！

强施行，不忍置也；恻然，不食而情愈迫也。作易者，谓周公。周公尽心王室而成王不受训，心怀耿忧，所以叹也。其后孔子于鲁，孟子于齐，知不可而为之，世终莫知，圣贤且无如之何。故竭忠尽教而人不寤，君子之所深恻也。

阖户，静密也；辟户，动达也；

阴爻耦，辟象也；而言阖户者，坤之德顺，以受阳之施，阖而纳之，处静以藏动也。阳之爻奇，阖象也；而言辟户者，乾之德健而发，施于阴者无所吝，而动则无不达也。阴阳，质也；乾、坤，性也；阖辟之体用互用，不倚于质之所偏，此乾、坤之互为质性，不爽夫太和也。

形开而目睹耳闻，受于阳也。

形，阴之静也。开者，阳气动而开之，睹闻乘其动而达焉。虽阴魄发光，而必待开于阳，故辟者阳之功能，寐则阴函阳而閟之于内，阴之效也。静以居动，则动者不离乎静，动以动其静，则静者亦动而灵，此一阖一辟所以为道也。敔按：庄子曰："其寐也魂交，其觉也形开"，张子盖取交言，而以易阖其辟之义通之。

辞各指其所之，圣人之情也；

指，示也；所之者，人所行也。吉凶存乎命而著乎象，人所攸往之善，存乎性而亲其所趋。圣人正天下以成人之美、远人之恶者，其情于辞而见。故易之系辞，非但明吉凶，而必指人以所趋向。

指之以趋时尽利，顺性命之理，臻三极之道也。

指示占者使崇德而广业，非但告以吉凶也。趋时，因时择中，日乾夕惕也；尽利，精义而行，则物无不利也。能率吾性之良能以尽人事，则在天之命，顺者俟之，逆者立之，而人极立，赞天地而参之矣。盖一事之微，其行其止，推其所至，皆天理存亡之几。精义以时中，则自寝食言笑以至生死祸福之交，皆与天道相为陟降。因爻立象，因事明占，而昭示显道，无一而非性命之理。易为君子谋，初非以趋利避害也。

能从之则不陷于凶悔矣，

因所占以进退精义，则无不利矣。

所谓「变动以利言」者也。

变动，谓占者玩占而徙义；利者，利用而合于义也。

然爻有攻取爱恶，本情素动，因生吉凶悔吝而不可变者，

时位不相当，阴阳不相协，故天数人事，有攻取爱恶之不同，性情动于积素以生吉凶悔吝，旦夕莫可挽回者，非天数之固然，攻取爱恶，所酿成者渐也。

乃所谓「吉凶以情迁」者也。

君子之情豫定，则先迷而后必得；小人之情已淫，则恶积而不可掩。故履信思顺，则天佑而无不利，迷复则十年有凶；非理无可复，情已迁则不可再返也。

能深存系辞所命，则二者之动见矣。

命，告也，爻所告人者也。二者，尽利之道，迁变之情也。情迁者，君子安命而无求，利告者，君子尽道以补过，惟深察乎系辞，则自辨其所之矣。

又有义命当吉、当凶、当否、当亨者，

当吉则居富贵而不疑，当凶则罹死亡而不恤，当否则退藏以听小人之利，当亨则大行而司衮钺之权。

圣人不使避凶趋吉，一以贞胜而不顾。

辞明示以凶而不为谋趋吉之道，贞胜则凶不避也。

如「大人否亨」、

虽否而亨。

「有陨自天」、

祸福忽至而不知所自来。

「过涉灭顶凶无咎」、

虽凶无咎。

损益「龟不克违」

福至非其所欲而不能辞。

及「其命乱也」之类。

虽吉而非正命。

三者情异，不可不察。

有陨自天不克违，则慎所以处之；其命乱，则必去之；否亨、凶无咎，则决于赴难而不惧。三者，天数物情之所必有，贞胜而不为所动，圣人之情亦见乎辞，此大易所以与术数之说喻义喻利之分也。

因爻象之既动，明吉凶于未形，故曰「爻象动乎内，吉凶见乎外」。

爻象以理而生象数，在人为善恶得失之几初动于心，故曰内；吉凶因象数而成得失之由，在人为事起物应而成败著见，故曰外。

「富有」者，大无外也；

神行于天地之间，无所不通，天之包地外而并育并行者，乾道也。

「日新」者，久无穷也。

顺受阳施以成万化而不息，荣枯相代而弥见其新，坤道也。

显，其聚也；隐，其散也。

聚则积之大而可见，散则极于微而不可见。

显且隐，幽明所以存乎象；

于其象而观之，则有幽明之异，人所知也。

聚且散，推荡所以妙乎神。

其聚其散，推荡之者神为之也，而其必信乎理者诚也。以易言之，乾阳显而阴隐，坤阴显而阳隐，屯、蒙、鼎、革、剥、复、夬、姤之属相错而迭为隐显，聚之著也。乾、坤并建，而大生广生以备天下之险阻，位有去来，时有衰王，推之荡之，日月、雷风、男女、死生、荣谢，同归而殊涂，万化不测而必肖其性情，神之妙也，非象所得而现矣。

「变化进退之象」云者，进退之动也微，必验之于变化之著，故察进退之理为难，察变化之象为易。

变者，阴变为阳；化者，阳化为阴；六十四卦互相变易而象成。进退者，推荡而屈伸也；推之则伸而进，荡之则屈而退，而变化生焉。此神之所为，非存神者不能知其必然之理。然学易者必于变化而察之，知其当然而后可进求其所以然，王弼「得言忘象、得意忘言」之说非也。

一忧悔吝者存乎介」，欲观易象之小疵，宜存志静，知所动之几微也。

悔吝非凶，故曰小疵。爻之有悔吝，动违其时，在几微之间尔。静察其理，则正而失宜，过不在大，审之于独知之际，以消息其应违，不容不戒惧矣。

往之为义，有已往，

如「素履往」之类。

有方往，

如「往蹇」之类。

临文者不可不察。

已往则保成而补过，方往则勉慎以图功，察其文，可以因其占而得所宜。

张子正蒙注卷八

衡阳王夫之撰

乐器篇

此篇释诗、书之义而先之以乐，乐与诗相为体用者也。

乐器有相，周、召之治与！

相，韦表糠里。记曰「治乱以相」，相之音菀而不宣，所以节音之杂乱，周、召之治还醇止乱之道。

其有雅，太公之志乎！

雅，柷类，以木为桶，中有椎，击之。记曰「讯疾以雅」，促乐使疾也，功以速成而定，故曰「太公之志」。

雅者正也，直己而行正也，故讯疾蹈厉者，太公之事邪！

敬胜怠，义胜欲，正己而正人，以伐无道，事不得缓。

诗亦有雅，亦正言而直歌之，无隐讽谲谏之巧也。

正雅直言功德，变雅正言得失，异于风之隐谲，故谓之雅，与乐器之雅同义。即此以明诗、乐之理一。

象武，武王初有天下，象文王武功之舞，歌维清以奏之。自注：成童舞之。

戡黎伐崇，文王之武功。

大武，武王没，嗣王象武王之功之舞，歌武以奏之。自注：冠者舞之。酌，周公没，嗣王以武功之成由周公，告其成于宗庙之歌也。自注：十三舞焉。

「酌」，礼记作「勺」。此明诗、乐之合一以象功。学者学诗则学乐，兴与成，始终同其条理。惟其兴发志意于先王之盛德大业，则动静交养，以畅于四支，发于事业，蔑不成矣。

兴己之善，观人之志，群而思无邪，怨而止礼义，入可事亲，出可事君。但言君父，举其重者也。

奋发于为善而通天下之志，群而贞，怨而节，尽己与人之道，尽于是矣。事父事君以此，可以寡过，推以行之，天下无非中正和平之节，故不可以不学。

志至诗至，有象必可名，有名斯有体，故礼亦至焉。

象，心有其成事之象也。礼，见于事而成法则也。诗以言达志，礼以实副名，故学诗可以正志，可以立体。

幽赞天地之道，非圣人而能哉！

凡有其理而未形，待人而明之者，皆幽也。圣人知化之有神，存乎变合而化可显，故能助天地而终其用。

诗人谓后稷之穑，有相之道，赞育之一端也。

天能生之，地能成之，而斟酌饱满以全二气之粹美者，人之能也。穑有可丰美之道而未尽昭著，后稷因天之能，尽地之利，以人能合而成之，凡圣人所以用天地之神而化其已成之质，使充实光辉，皆若此。

礼矫实求称，或文或质，居物后而不可常也。

实，情也，情不足则益之以文，情有余则存之以质。物亦实也，情已动而事且成，乃因时因事而损益之，在情事之后，矫之正也。文质各矫其偏，故不可常。

他人才未美，故绚饰之以文；庄姜才甚美，乃更绚饰之用质素。

质已成之后，礼因损益之以致美，无一定之绚在才质之先也。此明因才节宣之道存乎礼，故有其质者，不可不学礼以善其后。

下文「绘事后素」，素谓其材，字虽同而义施各异，故设色之工，材黄白者必绘以青赤，材赤黑必绘以粉素。

绘非异色，则文不足以宣，故礼以人之情而著其美，酌情事之异而损有余、补不足也。

敔按：此章注义，亦就张子之意而通之。

「陟降庭止」，上下无常，非为邪也，进德修业，欲及时也。「在帝左右」，所谓欲及时者与！

作而有为，上也，陟也；退而自省，下也，降也；一陟一降，皆有天理之明明赫赫者临之于庭，则动静无恒而一于正道。不执一，则存省愈严，陟降一心，德业一致，此朝乾夕惕、存神尽性之密用，作圣之功，于斯至矣。

江沱之媵以类行而欲丧朋，故无怨；嫡以类行而不能丧其朋，故不以媵备数，

类者，贵贱之分；朋，私心也。媵安于卑贱之类而忘己私，嫡处于尊贵而恃其类，怀私以不能容物，此得朋丧朋之异，公私之分也。

卒能自悔，得安贞之吉，乃终有庆而其啸也歌。

自悔，则能丧其私而先迷后得矣。坤之为德，以厚载有容为美，而私心间之，则吝而骄；惟去私以广容，而后能承天以利正，妇道也，臣道也，下学逊志，遏欲以存理之始功也。

采枲耳，议酒食，女子所以奉宾祭、厚君亲者足矣；又思酌使臣之劳，推及求贤审官，王季、文王之心，岂是过与！

此引伸毛传之旨而广言之。尽仁孝以为本，而推以爱贤任官，王季、文王之德也；后妃以顺承之，则乾、坤合德矣。

甘棠初能使民不忍去（上声。），中能使民不忍伤，卒能使民知心敬而不渎之以拜，

以拜为致敬之辞，于义未安。

非善教浸明，能取是于民哉！

由善教，故仁声作。

「振振」，劝使勉也；「归哉归哉」，序其情也。

先劝君子急公而后望其归，发乎情，止乎礼义。

卷耳，念臣下小劳则思小饮之，

兕觥。

大劳则思大饮之，

金罍。

甚则知其怨苦嘘叹。妇人能此，则阴诐私谒害政之心，知其无也。

一于正则不邪。

「绸直如发」，贫者紒縰无余，顺其发而直韬之尔。

縰以帛敛发而作紒，古者紒不露发，帛有余，则斜缠绕之，帛不足，则裁直条如其发之长而直韬之，此言俭而不失其容也。

蓼萧裳华「有誉处兮」，皆谓君接己温厚，则下情得伸，谗毁不入而美名可保也。

处，谓居之安也。谗毁之入，皆由君有刻薄疑忌之心；君仁臣忠，无所容其间矣。

商颂「顾予烝尝，汤孙之将」，言祖考来顾以助汤孙也。

祭者，子孙之心，然必时和年丰，天人胥洽，而后礼备；而孝思可伸，则在祖考之佑助也。古者以祭成为大福。敳按：引此亦与「陟降庭止，在帝左右」之意相通。

「鄂不韡韡」，兄弟之见，不致文于初，本诸诚也。

鄂，花萼；不，音跗，花承蒂小茎也。花方含蕊，文未著，而韡韡之生意在中，兴兄弟之好一本诸诚，非徒尚文。

采苓之诗，舍旃则无然，为言则求所得，所誉必有所试，厚之至也。

舍旃，毁之令斥也；无然，无毁也；为言，扬其美也；求所得，察其何所得当于道。誉必试也，毁则无誉，必试而谓之厚者，人之刻薄贼恩，喜怒自任，非其本心；惟轻信人言而不自求诸心，能不因人为毁誉，则好恶从心而伤害于物者多矣。

简，略也，无所难也，甚则不恭焉。

难，去声。于物无所难，以为不足较也。

贤者仕禄，非迫于饥寒，不恭莫甚焉。

孔子为委吏乘田，免于饥寒则去之。此伶官非以贫故，而谓世不足与有为，仕于卑贱，不恭之甚矣。

「简兮简兮」，虽刺时君不用，然为士者不能无太简之讥，故诗人陈其容色之盛，善御之强，

推其贤以责备之。

与夫君子由房由敖不语其材武者异矣。

君子阳阳，安分自得，无疾世之意，故无责焉。

「破我斧」，「缺我斨」，言四国首乱，乌能有为，徒破缺我斧斨而已；

四国：商、奄、管、蔡。

周公征而安之，爱人之至也。

谅其无能为而不穷兵致讨，念其愚而安之，周公之心纯乎仁爱。

伐柯，言正当加礼于周公，取人以身也。

屈己而后能下贤。

其终见书「予小子其新逆」。

成王终成此诗之志。

九罭，言王见周公当大其礼命，则大人可致也。

君臣合德则礼命自隆，大人以道致，所谓「同声相应，同气相求」也。

狼跋，美周公不失其圣，卒能感人心于和平也。

庸人处变而不知自裁以礼，其贤者则改节降志以自贬损而免患，若郭子仪是已。圣人达于屈伸之感而贞其大常，静正而物自感，心无私累，则物我之气俱顺。人心之和平，公心之和平化之也。

甫田岁取十千，一成之田九万亩，

九万亩，百井也。按四井为邑，四邑为丘，四丘为甸，甸地方八里，旁加一里为成，止六十五井，五万八千五百亩，此云「九万亩」，未详。

公取十千，亩九一之法也。

后稷之生，当在尧、舜之中年，

舜摄政而使稷教稼穑，已强仕矣，此云「中年」，未详。

而诗云「上帝不宁」，疑在尧时高辛子孙为二王后，而诗人称帝尔。

此谓上帝为天子之称，疑者，未定之辞。实则稷盖帝挚之子，生于诸侯废挚，尧即位之初。挚，尧兄也，兄废弟立，未尝改姓易服，不得称「二王后」，此说未安。

唐棣枝类棘枝，随节屈曲，

未详。

其华一偏一反，

向外生者偏，内出者反。

左右相矫，因得全体均正。偏喻管、蔡失道，反喻周公诛殛。言我岂不思兄弟之爱，以权宜合义，主在远者尔。

所系者家国之大。

唐棣本文王之诗，

以「棠棣」为「唐棣」，又云「文王作」，盖误。

此一章周公制作，序己情而加之，

谓周公增此一章。

仲尼以不必常存而去之。

汉注合上「可与共学」为一章，以偏反之反为反经合权之比，而张子因之，义多未顺。张子之学主于心得，于博学详说之功多所简忽，若此类是也。

日出而阴升自西，日迎而会之，雨之候也，

日自东而西，微雨自西而东，与日相会合，阴阳和则雨。

喻昏姻之得礼者也；

阳迎阴，男下女，以崇廉节也。

日西矣而阴生于东，

日已去而阴逐其后，日无会阴之心，阴强奔随之，雨终不成。

喻昏姻之失道者也。

「朝隮于西，崇朝其雨」，正而和也；「蝃蝀在东，则人莫敢指」，不正之气也。张子此说为长。朱子谓虹蜺天之淫气，不知微雨漾日光而成虹，人见之然尔，非实有虹也。言虹饮于井者，野人之说。

鹤鸣而子和，言出之善者与！

善则物必应。

鹤鸣鱼潜，畏声闻之不臧者与！

鹤鸣而声闻于天，鱼潜而或在渚，不善则不可掩也。故必善其鸣而慎其潜，乃以得臧。取喻同而义异，易以言好仁之益，诗以示恶不仁之警。

「鴥彼晨风，鬱彼北林」，晨风虽鸷击之鸟，犹时得退而依深林而止也。

兴劳人之不得息。

渐渐之石言「有豕白蹢，烝涉波矣」。豕之负涂曳泥，其常性也；今豕足皆白，众与涉波而去，水患之多为可知也。

水患多则征人劳。

「君子所贵乎道者三」，犹「王天下有三重焉」，言也，动也，行也。

君子所贵乎道，求之身而已；言、行、动皆本诸身之道，立其本而中和致，乃可以制礼作乐。若读数文章稽于众，习之者能赞之，犹笾豆之事，任之有司可也。故道以反经为大。

(苟)〔耇〕〔一〕造德降，则民诚和而凤可致；故鸣鸟闻，所以为和气之应也。(「诚」，当作「諴」。)

天地人物之气，其原一也。民和则天和不干，天和则物效其和，德施普降，和气达于万民，而物应之不爽矣。

〔一〕「耇」字依书君奭「耇造德不降」改。

九畴次叙：民资以生，莫先天材，故首曰五行；

畴，事也；九事皆帝王临民之大法。五行者，非天化之止于此，亦非天之秩分五者而不相为通，特以民生所资，厚生利用，需此五者，故炎上、润下、曲直、从革、稼穑及五味，皆就人所资用者言之。五行，天产之材以养民，而善用之者君道也；五事，天命之性以明民，而善用之者君德也；皆切乎民事而言，故曰范，曰畴。汉以后儒者不察，杂引术数家言，分配支离，皆不明于洪范之旨；而医卜星命之流，因缘附会以生克休王之鄙说。张子决言其为资生之材以辟邪说，韪矣。

君天下必先正己，故次五事；

正己而后可正人，践形尽性，所以正己。

己正然后邦得而治，故次八政；

八政以节宣五行而立为常典。

政不时举必昏，故次五纪；

合于天乃顺于人。

五纪明然后时措得中，故次建皇极；

极建则随时以处中。

求大中不可不知权，故次三德；

刚柔正直，各适其宜，权也。

权必有疑，故次稽疑；

循常而行，人谋定则可不待卜筮，行权有疑，而后决之以鬼谋。

可征然后疑决，故次庶征；

卜筮隐而天象显。

福极征，然后可不劳而治，故九以向劝终焉。

刑赏合天则大法行，而非徒恃法也。

五为数中，故皇极处之；权过中而合义者也，故三德处六。

次叙之说，亦理之一端。以洛书证之，抑有不尽然者，读者不必泥也。

「亲亲尊尊」，

周道也。

又曰「亲亲尊贤」，

周公治鲁之道。

义虽各施，然而亲均则尊其尊，尊均则亲其亲为可矣。

亲尊互酌而重者见矣。

若亲均尊均，则齿不可以不先，此施于有亲者不疑。

昭穆亦序齿之推也。

若尊贤之等，则于亲之杀，必有权而后行。

贤均则以亲疏尊卑为等。

急亲贤为尧、舜之道，

亲贤，谓亲而贤者。

然则亲之贤（者）先得之于疏之贤者为必然。

先得，急之也；谓先举而尊之。

尧明俊德于九族而九族睦，

明，显也；表而尊之，则人皆喻于为善之荣。

章俊德于百姓而万邦协，黎民雍；

九族之贤既举而后举庶士。百姓，谓百官赐族姓者。

皋陶亦以惇叙九族、庶明励翼为迩可远之道；

庶明，庶士之贤者。迩可远，谓即迩以及远。

则九族勉敬之人固先明之，然后远者可次叙而及。

周道以亲亲为本，一尧、舜之道也。

大学谓「克明俊德」为自明其德，不若孔氏之注愈。

义民，安分之良民而已；

仅免于恶而不足与为善。

俊民，俊德之民也。

俊，大也；德大则所施亦大。

官能则准牧无义民，

乡党自好者，可使安于野而不可使在官。

治昏则俊民用微。

取小善而弃大德，昏主之所以坏风俗也；虽圣世不能无乡原，惟置而不用，则不足以贼德。

五言乐语，歌咏五德之言也。

乐语，所歌之文词。

「卜不习吉」，言卜官将占，先决问人心，有疑乃卜，无疑则否。

理显于明而故索之幽，徒乱德而已。

「朕志无疑，人谋佥同」，故无所用卜；鬼神必依，龟筮必从，

幽明无二理。

故不必卜筮，玩习其吉以渎神也。

谋已决而欲得吉占，玩神以自快而已。

衍忒未分，有悔吝之防，此卜筮之所由作也。

衍忒，数之过也。事非常而过于常数，为之则悔，不为则吝，故卜筮以决之。若吉凶之数适如其理，则受人之天下而不辞，蹈白刃而不避，何卜筮之有！卜筮者，所以审在己之悔吝，而非为吉凶也。

王禘篇

此篇略释三礼之义，皆礼之大者，先王所以顺天之秩叙而精其义者也。张子之学以立礼为本，而言礼则辨其大而遗其细。盖大经有一定之理，而恭敬、撙节、退让之宜，则存乎人之随时以处中，而不在乎度数之察也。

「礼不王不禘」，则知诸侯岁阙一祭为不禘明矣。

谓夏、商春礿夏禘，即于夏季时享行大禘，诸侯不禘，则夏不祭。

至周以祠为春，以禴为夏，宗庙岁六享，则二享四祭为六矣。

二享：禘、祫；四祭：祠、禴、尝、烝。

诸侯不禘，其四享与！

四时之祭阙其一，合祫而四。周制，诸侯各以其方助祭天子，故其时不行宗庙之祭。

夏、商诸侯，夏特一祫，王制谓「礿则不禘，禘则不尝」，假其名以见时祀之数尔；作记者不知文之害意，过矣。

王制盖谓诸侯祠则不礿，礿则不尝，亦言阙一祭尔。假夏、商时享之名谓礿为禘，于文未审，恐读者不察，且疑诸侯之亦禘，害于礼矣。夏、商诸侯，夏时天子大禘之时而祫祭，非禘也。作记者，汉文帝博士。

禘于夏、周（当是「商」字之讹。）为春夏，尝于夏、商为秋冬，作记者交举，以二气对互而言尔。

言禘以该礿，言尝以该烝，礼记专言禘尝者，以阴阳二气之变，故于夏秋之交相对而言，略春冬而举夏秋，要以夏、商之礼为名；若周，则禘在时享之外。

享尝云者，享为追享朝享，禘亦其一尔。

所自出之帝远矣，故云追享。朝享者，诸侯觐王亦有享礼，以下奉上之通词，故禘亦可云享。

尝以配享，亦对举秋冬而言也。夏、商以禘为时祭，知追享之必在夏也。

谓夏、商因夏之时祭而行大禘，故以与尝对举，尝言秋冬，享言春夏。

然则夏、商天子，岁乃五享，

谓五祭。

禘列四祭，并祫而五也。

以不王不禘，禘为大享，故知夏禘之外不更别行时祭。

周改禘为禴，则天子享六，

禘祫二祭，于四祭外别举之。

诸侯不禘，

祫而不禘。

又岁阙一祭，则亦四而已矣。王制所谓天子犆礿、祫禘、祫尝、祫烝，既以禘为时祭，则祫可同时而举。自注：礿以物薄，(故)〔而〕犆尝从旧。

祫禘云者，据夏、商而言；祫禘、祫尝、祫烝，谓随三时可并行祫祭。

诸侯礿犆，自注：如天子。禘一犆一祫，言于夏禘之时正为一祭，

不祫也。

特一祫而已。

祫随秋冬行之。

然则不王不禘，又著见于此矣。

大禘不得言犆言祫；诸侯之言禘，非禘也，孟夏时享之名也。

又云尝祫烝祫，则尝烝且祫无疑矣。

秋尝冬烝，可于一时并行，祫祭实止一祫也。

若周制亦当阙一时之祭，则当云诸侯祠则不禴，禴则不尝。

以夏、商之礼言，故云禘。若以周制言之，则当云祠禴，不当云礿禘；作记者杂用三代之文，故害于意。反复释此，所以申明不王不禘之大义。

庶子不祭祖，自注：不止言王考而已。

大夫三庙而上，皆有祖庙祀始受命者。

明其宗也；自注：明宗子当祭也。

庶子即为大夫，不得专立祖庙，后世乃可祖之；若宗子，则虽不为大夫，亦必祭祖。

不祭祢，自注：以父为亲之极甚者，故又发此文。

上庶子对继祖之宗子而言，此庶子兼对继祢之宗子而言。苟为庶子，则祢且不祭，况祖乎！

明其宗也。

唯继祢之宗子乃得祭祢；庶子贵，以其牲就宗子而行事。

庶子不为长子斩，不继祖与祢故也。自注：此以服言，不以祭言，故又发此义。

凡庶子皆不继祖，即有继祢者，亦不为其长子斩，况继祢者虽嫡长，但继己而已，非祖祢之继，义不得伸。

「庶子不祭殇与无后者」，注「不祭殇者，父之庶」，

注，郑氏注也。不继祢之庶子，不继己之殇。

盖以殇未足语世数，特以己不祭祢，故不祭之。

此释郑注，言殇非父之適孙，不足列世数。己既非继祢之宗，则殇卑贱不得祭。

「不祭无后者，祖之庶也」，

二句，郑氏注文。于祖为庶孙，虽于祢为適子，可以祭殇，而不可以祭诸父昆弟之无后者。

虽无后，以其成人备世数，当祔祖以祭之，己不祭祖，故不得而祭之也。

释郑注，言己不敢入祖庙而祭，则共其祭物而宗子主焉，己不祭也。

「祖庶之殇则自祭之也」，

二句郑氏注文。己为祖庶，于祢为適，则可祭己之適殇。

言庶孙则得祭其子之殇者，以己为其祖矣，无所祔之也。

释郑注，言庶子，祖之庶也。己之殇，己之適长殇，己为其祖者，己可祭祢为殇之祖矣。无所祔，言不须祔于己之祖庙。

「凡所祭殇者唯適子」，

郑氏注文。此適子，谓殇。

此据礼天子下祭殇五，皆適子適孙之类。故知凡殇非適皆不得特祭，惟从祖祔食。

释郑注。言必有承祖世爵之贵乃特祭之，其他则虽世数，必祔食乃祭。

「无后者谓诸父昆弟」，

郑氏注文。

殇与无后者如祖庙在小宗之家，祭之如大宗。自注：见曾子问注。

此引伸郑注而言。祖庙在小宗之家，谓大夫更立祖庙别为一宗者。如在大宗，即祔于小宗家之庙，不必合于大宗，从祖而已。

殷而上七庙，自祖考而下五，并远庙为祧者二，据王制而言。

无不迁之太祖庙。至周有不毁之祖，

谓后稷。

则三昭三穆，四为亲庙，二为文、武二世室，并始祖而七。

谓周之亲庙止于四世，五世则祧。

诸侯无二祧，

谓世室。

故五。

四亲庙，与始封之君而五。

大夫无不迁之祖，则一昭一穆，

父与王父。

与祖考而三，

祖考，谓曾祖。大夫不世官，祀之三世而止。

故以祖考通谓为太祖。

名为太祖，实祖考也；以西向之尊，故称太祖。

若祫，则请于其君，并高祖干祫之。自注：干祫之，不当祫而特祫之也。

并，合也；干，求也。大夫不得合祭，贵大夫请于君而得行合食之礼。

孔注「王制谓周制」，亦粗及之而不详尔。

孔注，孔颖达疏。王制所云，非周制也。天子诸侯亲庙各四，所谓五世而斩也。然二昭二穆必于四世，胡氏谓父死子继，兄终弟及，皆为一世，则有兄弟踵立，如齐桓公四子皆为君，则不得祀其祖；且兄弟为昭穆而昭穆乱，其说非也。人君无子，则早立继嗣，必以其昭穆，其未立者，非如汉之冲、质，君道未成，则自私而轻宗庙，当以无后祔食之例祔于祖庙，而不入世数。可知虽天子诸侯无后，亦不得特立庙也。

「铺筵设同几」，疑左右几一云。

享祖考以妣合食则设同几。言同者，以别于左右各一几也。疑者，释其疑之谓。

交鬼神异于人，故夫妇而同几，

人道则夫妇有别，交祖考者以神道，神则阴阳合德而资生，孝子慈孙以其精意感神于漠，即己之志气而神在焉。已为考妣合一之身，不得有阴阳男女之异，鬼神无嫌，不必别也。

求之或于室，或于祊也。

于室者，正祭；于祊，绎祭也。一神而求之多方，神无定在也。夫妇同几而不嫌于同，一神两求而不嫌于异，知分合聚散之理，然后知礼之精义而入神。

祭社稷五祀百神者，以百神之功报天之德尔。

百神，皆天之神所分著者也，随所著而报之。天德无方体，唯天子飨帝然。抑分而使人各效其报，以不忘资始之德。

故以天事鬼神，事之至也，理之尽也。

事鬼神而归本于天，乃穷理以尽人事之至。淫祀者以鬼事鬼，不当于礼，其黩甚矣。

「天子因生以赐姓，诸侯以字为谥（当是「氏」字之讹）」，盖以尊统上、卑统下之义。

天子赐诸侯之姓，推原其所自生，故鲁、卫同于姬，齐、纪同于姜，本所自出之帝，统于一尊，所以尊诸侯而上之。诸侯赐大夫之氏，因王父之字为氏，不得上统于始祖，分族命氏，以明其所自出之卑。君臣之分，于斯著矣。

「天子因生以赐姓」，难以命于下之人，亦尊统上之道也。

下之人，同姓之大夫也。天子命其大夫之氏，亦必分而各使为氏，与侯国同。天子之大夫视侯，然唯诸侯则因生赐姓而大夫否，尊统于上，不得及下也。子男虽卑，君道也；天子之大夫虽贵，臣道也。

此章旧分为二，今合之。

据玉藻，疑天子听朔于明堂，诸侯则于太庙，就藏朔之处告祖而行。

听朔，颁朔也。诸侯奉朔藏于太庙，每月告祖而行。胡氏曰：「月，王月也。王者赞天敷治，自己制之，诸侯不敢自专，待命于尊亲。」

受命祖庙，作龟祢宫，次序之宜。

此师行之礼。受命宜于尊者，卜吉宜于亲者。

公之士及大夫之众臣为「众臣」；公之卿大夫、卿大夫之室老及家邑之士为「贵臣」。

公之士，公之众有司也；大夫之众臣仕于大夫为群有司，非室老，又非宰邑者也。卿、大夫，公之贵臣；室老、邑宰，大夫之贵臣。

上言「公士」，所以别士于公者也；

此释丧礼之文。别士于公，与士于家者也。士于家，更不在公室众臣之列，愈贱而服愈降。

下言「室老士」，所以别士于家者也。

别士于家者，于公之士也，公之士不为大夫服。

众臣〔杖〕不以（杖）〔一〕即位，疑义与庶子同。

分卑则不得伸其哀。

「適士」，疑诸侯荐于天子之士及王朝爵命之通名。

诸侯所荐，仕于天子而受三命为士者，与诸侯之士有功而王命之者，皆曰適士。適士，对庶士之称。

盖三命方受位天子之朝，

于王朝有班位。

一命再命受职受服者，疑官长自辟除，未有位于王朝，故谓之「官师」而已。

〔一〕依仪礼子夏丧服传改。

官长，六官之长，诸侯自命者亦如之。

「小事则专达」，盖得自达于其君，不俟闻于长者，礼所谓「达官」者也。

引周礼以证礼记达官之义。

所谓「达官之长」者，得自达之长也；

官皆统于六官为之长，而达官又各有长，如今制钦天监行人司遥属礼部，而监正司正又为之长。

所谓「官师」者，次其长者也。然则达官之长必三命而上者，官师则中士而再命者，庶士则一命为可知。

周礼「小事则专达」，天子之官也。诸侯亦有达官之长，故以周礼推之，知其亦有专达之官，而有长有贰，长上士，贰则中、下士，故达官之长，于诸侯为贵臣。

「赐官」，使臣其属也。自注：若卿大夫以室老士为贵臣，未赐官则不得臣其士也。

明非但诸侯得有其臣，卿大夫既赐官，亦得臣其室老士。

祖庙未毁，教于公宫，

女子许嫁，教之三月。

则知诸侯于有服族人亦引而亲之，如家人焉。

女子既然，则男子可知。诸侯绝期，而云有服者，以士礼推之，五世内服属也。

「下而饮」者，不胜者自下堂而受饮也。其争也，争为谦让而已。

自安于不能，让道也。

君子之射，以中为胜，不必以贯革为胜。侯以布，鹄以革，其不贯革而坠于地者，中鹄为可知矣。

鹄，栖皮于布，侯之中也。布易贯，革难贯，至革而坠，中可知矣。

此「为力不同科」之一也。

有力则贯，无力则否，先王因材取人而不求备，于射礼见其一。

「知死而不知生，伤而不吊。」

伤，哭也。

畏、厌、溺可伤尤甚，故特致哀死者，

畏，兵死；厌，木石厌死；溺，没水死。

不吊生者以异之。

虽知生亦不吊，盖哀致于死者，则不暇及于生者。而致其亲之死于畏、厌、溺，则不孝慈矣，虽与相知，绝之可也。为君父战而死者，非畏也，不在不吊之科。

且「如何不淑」之词，无所施焉。

有故而死，无容问之。此旧注文，申释之以明情与文之必称。

「博依善依」，永而歌乐之也；

习其音调也。

「杂服」，杂习于制数服近之文也。

近，犹习也。音调文仪，非礼乐之至，然器由道设，舍器而无以见道。

春秋，大要天子之事也。

大要，谓褒贬寓刑赏之权。

故曰「知我者其唯春秋乎，罪我者其唯春秋乎！」胡氏之说备矣。

「苗而不秀者」与下「不足畏也」为一说。一说，犹言一章。

张子正蒙注卷九

衡阳王夫之撰

乾称篇上

此篇张子书于西牖示学者，题曰订顽；伊川程子以启争为疑，改曰西铭。龟山杨氏疑其有体无用，近于墨氏，程子为辨明其理一分殊之义，论之详矣。抑考君子之道，自汉以后，皆涉猎故迹，而不知圣学为人道之本。然濂溪周子首为太极图说，以究天人合一之原，所以明夫人之生也，皆天命流行之实，而以其神化之粹精为性，乃以为日用事物当然之理，无非阴阳变化自然之秩叙，而不可违。然所疑者，自太极分为两仪，运为五行，而乾道成男，坤道成女，皆乾、坤之大德，资生资始；则人皆天地之生，而父母特其所禅之几，则人可以不父其父而父天，不母其母而母地，与六经、语、孟之言相为蹠盭，而与释氏真如缘起之说虽异而同。则濂溪之旨，必有为推本天亲合一者，而后可以合乎人心，顺乎天理而无敝；故张子此篇不容不作，而程子一本之说，诚得其立言之奥而释学者之疑。窃尝沈潜体玩而见其立义之精。其曰「乾称父，坤称母」，初不曰「天吾父，地吾母」也。从其大者而言之，则乾坤为父母，人物之胥生，生于天地之德也固然矣；从其切者而言之，则别无所谓乾，父即生我之乾，别无所谓坤，母即成我之坤；惟生我者其德统天以流形，故称之曰父，惟成我者其德顺天而厚载，故称之曰母。故书曰「惟天地万物父母」，统万物而言之也；诗曰「欲报之德，昊天罔极」，德者，健顺之德，则就人之生而切言之也。尽敬以事父，则可以事天者在是；尽爱以事母，则可以事地者在是；守身以事亲，则所以存心养性而事天者在是；推仁孝而有兄弟之恩，夫妇之义，君臣之道，朋友之交，则所以体天地而仁民爱物者在是。人之与天，理气一也；而继之以善，成之以性者，父母之生我，使我有形色以具天性者也。理在气之中，而气为父母之所自分，则即父母而溯之，其德通于天地也，无有间矣。若舍父母而亲天地，虽极其心以扩大而企及之，而非有恻怛不容已之心动于所不可昧。是故于父而知乾元之大也，于母而知坤元之至也，此其诚之必几，禽兽且有觉焉，而况于人乎！故曰「一阴一阳之谓道」，乾、坤之谓也；又曰「继之者善，成之者性」，谁继天而善吾生？谁成我而使有性？则父母之谓矣。继之成之，即一阴一阳之道，则父母之外，天地之高明博厚，非可躐等而与之亲，而父之为乾，母之为坤，不能离此以求天地之德，亦昭然矣。张子此篇，补天人相继之理，以孝道尽穷神知化之致，使学者不舍闺庭之爱敬，而尽致中和以位天地、育万物之大用，诚本理之至一者以立言，而辟佛、老之邪迷，挽人心之横流，真孟子以后所未有也。惜乎程、朱二子引而不发，未能洞示来兹也！此篇朱子摘出别行，而张子门人原合于全书，今仍附之篇中，以明张子学之全体。

乾称父，坤称母；

谓之父母者，亦名也；其心之必不忍忘，必不敢背者，所以生名之实也。惟乾之健，故不敢背，惟坤之顺，故不忍忘，而推致其极，察乎天地，切求之近以念吾之所生成，则太和絪缊，中含健顺之化，诚然而不可昧。故父母之名立，而称天地为父母，迹异而理本同也。朱子曰：「天地者其形体，迹之与父母异者也；乾坤者其性情，理之同者也。」

予兹藐焉，乃混然中处。

混然，合而无间之谓。合父母之生成于一身，即合天地之性情于一心也。

故天地之塞，吾其体；天地之帅，吾其性。

塞者，流行充周；帅，所以主持而行乎秩叙也。塞者，气也，气以成形；帅者，志也，所谓天地之心也。天地之心，性所自出也。父母载乾、坤之德以生成，则天地运行之气、生物之心在是，而吾之形色天性，与父母无二，即与天地无二也。

民，吾同胞；物，吾与也。

由吾同胞之必友爱，交与之必信睦，则于民必仁，于物必爱之理，亦生心而不容已矣。

大君者，吾父母宗子；其大臣，宗子之家相也。

家之有宗子，父母所尊奉，乃天之秩叙，在人心理，必奉此而安者。唯其必有是心，必有是理，故「三月无君则皇皇如也」，「居是邦则事其大夫之贤者」，皆不容已之诚，而人道之所自立也。

尊高年，所以长其长；慈孤弱，所以幼其幼。

家之有长幼，必敬而慈之，故心从其类，有触必感。此理人皆有之，最为明切。

圣，其合德；贤，其秀也。

合德，谓与父母之德合；秀者，父母所矜爱之贤子孙也。希圣友贤，成身以顺亲，即所以顺天。

凡天下疲癃残疾惸独鳏寡，皆吾兄弟之颠连而无告者也。

颠连无告而无恻隐之心，则兄弟亦可不恤，故曰「苟能充之，足以保四海，苟不充之，不足以保妻子」，生理之明昧而已。

「于时保之」，子之翼也；「乐且不忧」，纯乎孝者也。

守身以敬亲而事天，则悦亲而乐天，无小大之异也。

违曰悖德，害仁曰贼，济恶者不才；其践形，惟肖者也。

父母继健顺之理以生成，吾所求肖者此也。亲志以从而无违为顺，然有可从、不可从之异，而理则唯其善而从之者为顺。不从其善而从其不善，或至于残害天理，则贼所生之理矣。济恶而不能干蛊，父母成乎恶而为天之蠹矣。故必践形斯为肖子，肖乾坤而后肖父母，为父母之肖子，则可肖天地矣。故舜所践者瞽瞍之形，而与天合德。

知化则善述其事，穷神则善继其志。

化者，天地生物之事；父母之必教育其子，亦此事也。善述者，必至于知化，而引伸之以陶成乎万物。神者，天地生物之心理，父母所生气中之理，亦即此也。善继者，必神无不存，而合撰于乾坤以全至德。

不愧屋漏为无忝，存心养性为匪懈。

止恶于几微，存诚于不息，圣功之至，亦止以敬亲之身而即以昭事上帝矣。

恶旨酒，崇伯子之顾养；育英才，颍封人之锡类。

惟遏欲可以养亲，可以奉天；惟与人为善，则广吾爱而弘天地之仁。

不弛劳而底豫，舜其功也；

不可逆者亲，而有时不能顺，舜尽诚而终于大顺，以此知天地之变化剥复无恒，而大人拨乱反治，惟正己立诚而可挽气化之偏。

无所逃而待烹，申生其恭也。

道尽则安命，而不以死为忧，盖生我者乾、坤之大德，非己自有生而天夺之。故身为父母之身，杀之生之无可逃之义；德未至于圣，无如自靖以俟命。

体其受而归全者，参乎！

全形以归父母，全性以归天地，而形色天性初不相离，全性乃可以全形。

勇于从而顺令者，伯奇也。

勇于从，不畏难也。乾坤之德，易简而已，而险阻该焉。故父母无不爱之子而不无苦难之令，勇于从则皆顺矣。

富贵福泽，将厚吾之生也；贫贱忧戚，庸玉汝于成也。

乾坤之德至矣，或厚其生，或玉于成，皆所以成吾之德；父母之爱与劳，体此者也。无往而不体生成之德，何骄怨之有！

存，吾顺事；没，吾宁也。

有一日之生，则受父母之生于一日，即受天地之化于一日。顺事以没，事亲之事毕，而无扰阴阳之和以善所归，则适得吾常而化自正矣。

此章切言君子修身立命存心养性之功，皆吾生所不容已之事，而即心以体之，则莫切于事亲，故曰「仁之实，事亲是也」。事亲之中，天德存焉，则精义以存诚，诚有不容自诿者。若其负父母之生我，即负天地之大德。学者诚服膺焉，非徒扩其量之弘，而日乾夕惕之心，常有父母以临之，惟恐或蔽于私，以悖德而贼仁，则成身之功，不待警而自笃矣。程、朱二子发明其体之至大，而未极其用之至切，盖欲使学者自求之，而非可以论说穷其蕴也。

乾称篇下

此篇张子书之东牖以示学者，名曰砭愚，盖以砭二氏之愚而明圣道之要。程子改曰东铭。旧说唯「戏言出于思也」以下为东铭，今按十七篇之数，则此二篇合为一篇明矣，正之。

凡可状，皆有也；

实有其体，故可状。

凡有，皆象也；

天地之间所有者，形质虽殊而各肖其所生，皆天之所垂象者也。

凡象，皆气也。

使之各成其象者，皆气所聚也，故有阴有阳，有柔有刚，而声色、臭味、性情、功效之象著焉。

气之性本虚而神，

性，谓其自然之良能，未聚则虚，虚而能有，故神。虚则入万象之中而不碍，神则生万变之质而不穷。

则神与性乃气所固有，

自其变化不测，则谓之神；自其化之各成而有其条理，以定志趣而效功能者，则谓之性。气既神矣，神成理而成乎性矣，则气之所至，神必行焉，性必凝焉，故物莫不含神而具性，人得其秀而最灵者尔。耳目官骸亦可状之象，凝滞之质，而良知良能之灵无不贯彻，盖气在而神与性偕也。

此鬼神所以体物而不遗也。

鬼神者，气之往来屈伸者也，物以之终，以之始，孰能遗之！此言天下当有之物，皆神之所流行，理之所融结，大而山泽，小而昆虫草木，灵而为人，顽而为物，形形色色，重浊凝滞之质气皆沦浃其中，与为屈伸。盖天包地外而入于地中，重泉确石，天无不彻之化，则即象可以穷神，于形色而见天性，所以辟释氏幻妄起灭，老、庄有生于无之陋说，而示学者不得离皆备之实体以求见性也。

至诚，天性也；

至诚者，实有之至也。目诚能明，耳诚能聪，思诚能睿，子诚能孝，臣诚能忠，诚有是形则诚有是性，此气之保合太和以为定体者也。

不息，天命也。

天之命物，于无而使有，于有而使不穷，屈伸相禅而命之者不已。盖无心而化成，无所倚而有所作止，方来不倦，成功不居；是以聪明可以日益，仁义可以日充。虽在人有学问之事，而所以能然者莫非天命。惟天有不息之命，故人得成其至诚之体；而人能成其至诚之体，则可以受天不息之命。不然，二气之妙合自流行于两间，而时雨不能润槁木，白日不能炤幽谷，命自不息而非其命，唯其有形不践而失吾性也。

人能至诚，则性尽而神可穷矣；

有至诚之性在形中而尽之，则知神之妙万物也。凡吾身之形，天下之物，形质嗜欲之粗滞，皆神之所不遗者。

不息，则命行而化可知矣。

天命不息，而人能瞬存息养，晨乾夕惕，以顺天行，则刻刻皆与天相陟降，而受天之命，无有所遗，于凡万物变化，万事险阻，皆有百顺至当之理，随喜怒哀乐而合于太和，所以感人心于和平而赞天地之化育者，自无间矣。

学未至知化，非真得也。 自注：舍气，有象否？非象，有意否？

既言「学必至于知化」，又云「舍气无象，非象无意」，以见知化之学，非索之于虚空变幻之中，即此形形色色庶物人伦之理，无一义之不精，无一物之不体，则极尽乎气之良能而化即在是，此至诚之所以无息。彼不诚无物者，以介然之悟，立幻妄之教，指休歇为究竟，事至物迁而不能继，性之不尽而欲至于命，其狂愚甚矣。

有无虚实通为一物者，性也；

此理体验乃知之。于有而可不碍其未有，于未有而可以为有，非见见闻闻之所能逮。惟性则无无不有，无虚不实，有而不拘，实而不滞。故仁义礼智，求其形体，皆无也，虚也；而定为体，发为用，则皆有也，实也。耳之聪，目之明，心之睿，丽于事物者，皆有也，实也；而用之不测，则无也，虚也。至诚者，无而有，虚而实者也，此性之体撰为然也。

不能为一，非尽性也。

视之而见，听之而闻，则谓之有；目穷于视，耳穷于听，则谓之无；功效可居，则谓之实；颀然寂静，则谓之虚。故老氏以两间为橐籥，释氏以法界为梦幻，知有之有而不知无之有，知虚之虚而不知虚之实，因谓实不可居而有为妄。此正彼所谓徇耳目，内通而外于心知，捏目生花，自迷其头者，而谓之尽性，可乎？

饮食男女皆性也；

理皆行乎其中也。

是乌可灭！

释、老亦非能灭之，姑为之说尔。

然则有无皆性也，是岂无对！

老、释以无在有外，夐然无对之孤光为性，惟不知神之与气，气之与形，相沦贯而为一体，虛者乃实之藏，而特闻见之所不逮尔。

庄、老、浮屠为此说久矣，果畅真理乎？

庄、老言虛无，言体之无也；浮屠言寂灭，言用之无也；而浮屠所云眞空者，则亦销用以归于无体。盖晋、宋间人缘饰浮屠以庄、老之论，故教虽异而实同，其以饮食男女为妄，而广徒众以聚食，天理终不可灭。唯以孩提之爱为贪痴，父母为爱惑所感，毁人伦，灭天理，而同于盗贼禽兽尔。

天包载万物于内，所感所性，乾坤、阴阳二端而已；

阴阳实体，乾坤其德也。体立于未形之中，而德各效焉，所性也。有阴则必顺以感乎阳，有阳则必健以感乎阴，相感以动而生生不息，因使各得阴阳之撰以成体而又生其感。

无内外之合，无耳目之引取，与人物蕞然异矣。

人物各成其蕞然之形，性藏不著而感以其畛，故见物为外，见己为内，色引其目而目蔽于色，声引其耳而耳蔽于声，因以所见闻者为有，不可见闻者为无，不能如天地之阴阳浑合，包万物之屈伸而无所蔽也。

人能尽性知天，不为蕞然起见，则几矣。

知其性之无不有而感以其动，感则明，不感则幽，未尝无也，此不为耳目蕞然之见闻所域者也。

有无一，内外合，自注：庸圣同。

虽愚不肖，苟非二氏之徒愚于所不见，则于见闻之外，亦不昧其有理，人伦庶物之中，亦不昧其有不可见之理而不可灭，此有无之一，庸之同于圣也。既已为人，则感必因乎其类，目合于色，口合于食，苟非如二氏之愚，欲闭内而灭外，使不得合，则虽圣人不能舍此而生其知觉，但即此而得其理尔。此内外之合，圣之同于庸也。

此人心之所自来也。

内心合外物以启觉，心乃生焉，而于未有者知其有也；故人于所未见未闻者不能生其心。

若圣人则不专以闻见为心，故能不专以闻见为用。

流俗以逐闻见为用，释、老以灭闻见为用，皆以闻见为心故也。昧其有无通一之性，则不知无之本有，而有者正所以载太虚之理。此尽心存神之功，唯圣人能纯体之，超乎闻见，而闻见皆资以备道也。

此章旧连下节为一，今分之。

无所不感者，虚也；感即合也，咸也。

至虚之中，阴阳之撰具焉，絪缊不息，必无止机。故一物去而一物生，一事已而一事兴，一念息而一念起，以生生无穷，而尽天下之理，皆太虚之和气必动之几也。阴阳合而后仁义行，伦物正，感之效也；无所不合，感之周遍者也，故谓之咸。然则莫妙于感，而大经之正，百顺之理在焉，二氏欲灭之，愚矣。

以万物本一，故一能合异；以其能合异，故谓之感；若非有异则无合。

天下之物，皆天命所流行，太和所屈伸之化，既有形而又各成其阴阳刚柔之体，故一而异。惟其本一，故能合；惟其异，故必相须以成而有合。然则感而合者，所以化物之异而适于太和者也；非合人伦庶物之异而统于无异，则仁义不行。资天下之有以用吾之虚，咸之象辞曰：「观其所感而天地万物之情见矣。」见其情乃得其理，则尽性以合天者，必利用此几而不容灭矣。

天性，乾坤、阴阳也，

我之性，乾坤之性，皆不越阴阳健顺之二端，纯驳、良楛、灵蠢，随其质而皆兼体。

二端，故有感；本一，故能合。

健顺刚柔，相须以济，必感于物以生其用，而二端本太和，感之斯合矣。以知声色、臭味、君臣、父子、宾主、贤愚，皆吾性相须以合一之诚，不容灭也。

天地生万物，所受虽不同，皆无须臾之不感，所谓性即天道也。

天地之寒暑、雨暘、风雷、霜露、生长、收藏，皆阴阳相感以为大用；万物之所自生，即此动几之成也。故万物之情，无一念之间，无一刻之不与物交；嗜欲之所自兴，即天理之所自出。耽嗜欲者迷于一往，感以其蕞然之闻见而不咸尔，非果感之为害也。若君子瞬有存，息有养，晨乾夕惕，以趋时而应物，则即所感以见天地万物之情，无物非性所皆备，即无感而非天道之流行矣。盖万物即天道以为性，阴阳具于中，故不穷于感，非阴阳相感之外，别有寂然空窅者以为性。释氏欲却感以护其蕞然之灵，违天害性甚矣。

感者性之神，性者感之体。自注：在人在天，其究一也。

健顺，性也；动静，感也；阴阳合于太和〔而相容〕，为物不贰，然而阴阳已自成乎其体性，待感而后合以起用。天之生物，人之成能，非有阴阳之体，感无从生，非乘乎感以动静，则体中槁而不能(起)〔生〕无穷之体。体生神，神复立体，由神之复立体，说者遂谓初无阴阳，静乃生阴，动乃生阳，是徒知感后之体，而不知性在动静之先本有其体也。

惟屈伸动静终始之能一也，故所以妙万物而谓之神，通万物而谓之道，体万物而谓之性。

屈伸动静，感也；感者，因与物相对而始生，而万物之静躁、刚柔、吉凶、顺逆，皆太和絪緼之所固有，以始于异而终于大同，则感虽乘乎异而要协于一也。是以神无不妙，道无不通，皆原于性之无不体；在天者本然，而人能尽性体道以穷神，亦惟不失其感之正尔。

至虚之实，实而不固；至静之动，动而不穷。

在天者和气絪緼于太虚，充塞无间，中涵神妙，随形赋生而不滞。在圣人无私而虚，虚以体理，无理不实；无欲而静，静以应感，无感不通。

实而不固，则一而散；

天以之并育不害，圣人以之与时偕行。

动而不穷，则往且来。

天以之运行不息，圣人以之屈伸合一，是穷神尽性，合天之道，惟在至虚之实，至静之动而已。流俗滞于物以为实，逐于动而不反，异端虚则丧实，静则废动，皆违性而失其神也。

性通极于无，气其一物尔。

无，谓气未聚，形未成，在天之神理。此所言气，谓成形以后形中之气，足以有为者也。气亦受之于天，而神为之御，理为之宰，非气之即为性也。

命禀同于性，遇乃适然焉。

天命之以生，即命之以性，性善而无恶，命亦吉而无凶；若否泰、利钝，因乎时之所遇，天化之屈伸，不以一人而设，遇之者吉凶殊尔。

人一己百，人十己千，然有不至，犹难语性，可以言气。

在气则有愚明、柔强之异，而性不异。故善学者存神而气可变化，若恃气之清刚，则终有所限。

行同报异，犹难语命，可以言遇。

比干之死，孔、孟之穷，非天命之使然，所遇之时然也。故君子言知命、立命而不言安命，所安者遇也。以遇为命者，不知命者也。

浮屠明鬼，谓有识之死，受生循环，遂厌苦求免，可谓知鬼乎？

鬼者，归也，归于太虚之絪緼也。

以人生为妄，可谓知人乎？

人者，阴阳合德之神所聚，而相阴阳以协天地万物之居者也。

天人一物，辄生取舍，可谓知天乎？

天之用在人，人之体无非天，天至虚而实，人实而含虚，声色、臭味、父子、君臣、宾主、贤愚，皆天理之所显现而流行，非空之而别有天也。

孔、孟所谓天，彼所谓道。

道一也，在天则为天道，在人则有人道。人之所谓道，人道也。人道不违于天，然强求同于天之虚静，则必不可得，而终归于无道。

惑者指「游魂为变」为轮回，未之思也。

易言「游魂为变」，谓魂返于天，唯天所变化，而非人之所能与。儒之驳者，惑于浮屠，谓死而魂不散，游于两间为中阴，身复随因而变四生之果，诬圣教以助邪说，愚矣！

大学当先知天德，知天德则知圣人，知鬼神。

天之所以为天而化生万物者，太和也，阴阳也，聚散之神也。圣人，体此者也；鬼神，其聚散之几也。

今浮屠极论要归，必谓死生转流，非得道不免，谓之悟道，可乎？自注：悟则有义有命，均死生，一天人，惟知昼夜，通阴阳，体之不二。

死生流转，无蕞然之形以限之，安得复即一人之神识还为一人！若屈伸乘时，则天德之固然，必不能免；假令能免，亦复何为？生而人，死而天，人尽人道而天还天德，其以合于阴阳之正者，一也。

自其说炽传中国，儒者未容窥圣学门墙，已为引取，沦胥其间，指为大道。

由其不窥圣学，乍于流俗利欲之中闻清脱之说，意为歆动，或逐讥圣学为卑近，或诬圣学为一致，皆所必然。

其俗达之天下，致善恶、知愚、男女、臧获，人人著信。

天下岂有男女、臧获、淫坊、屠肆而可与语上之理，士君子不以为辱而指之为大道，愚矣哉！

使英才间气，生则溺耳目恬习之事，长则师世儒宗尚之言，遂冥然被驱，

如李习之、赵阅道、张子韶，皆英才也，被其驱而陷于邪，惜哉！

因谓圣人可不修而至，大道可不学而知。故未识圣人心，已谓不必求其迹；未见君子志，已谓不必事其文。

近世王氏良知之说正若此，一以浮屠言语道断、心行路绝、迥脱根尘、不立知见为宗。

此人伦所以不察，庶物所以不明，治所以忽，德所以乱，异言满耳，上无礼以防其伪，下无学以稽其弊。

王氏之学，一传而为王畿，再传而为李贽，无忌惮之教立，而廉耻丧，盗贼兴，〔中国沦没，〕皆惟怠于明伦察物而求逸获，故君父可以不恤，（名义）〔发肤〕可以不顾。陆子静出而宋亡，其流祸一也。

自古诐淫邪遁之词，翕然并兴，一出于佛氏之门者千五百年，自非独立不惧，精一自信，有大过人之才，何以正立其间，与之较是非，计得失！

精者研几精求，必求止于至善，惟精而后能一。

释氏语实际，乃知道者所谓诚也，天德也。

既谓之实际，则必实有之而为事理之所自出，唯诚与天德可以当之。空则不实，莽荡虚枵则无际。

其语到实际，则以人生为幻妄，有为为疣赘，以世界为阴浊，遂厌而不有，遗而弗存；就使得之，乃诚而恶明者也。

释氏之实际，大率以耳目之穷，疑其无有者也。生而与世相感，虽厌之，安能离之，虽遗之，安能使之无存！自欺而谓有得，信为实而自谓诚，于人伦庶物不明矣，则固伪而不诚矣。安有诚而恶明者哉！

儒者则因明致诚，因诚致明，故天人合一，致学而可以成圣，得天而未始遗人，易所谓不遗、不流、不过者也。

诚者，天之实理；明者，性之良能。性之良能出于天之实理，故交相致，而明诚合一。必于人伦庶物，研几、精义、力行以推致其极，驯致于穷神，则天下之理得，而成位乎其中矣。

彼语虽似是，观其发本要归，与吾儒二本殊归矣。

其发本也，下愚厌苦求乐之情；其要归则求必不可得之眞空而已。语似是者，谓戒邪淫、杀、盗之类。

道一而已，此是则彼非，此非则彼是，固不当同日而语。

后世陆子静、王伯安必欲同之。

其言流遁失守，

始以白骨微尘为观，不可行则转曰事事无碍。

穷大则淫，

无量无边，凭空为猖狂之语。

推行则诐，

为人之所不为，不为人之所为。

致曲则邪，

下而以金银琉璃诱贪夫，以地狱饿鬼怖懦夫，以因果诱布施，不耕坐食。

求之一卷之中，此弊数数有之。

欲自回互，成其妄说故也。

大率知昼夜阴阳，则能知性命，能知性命，则能知圣人，知鬼神。彼欲直语太虚，不以昼夜阴阳累其心，则是未始见易；

西域愚陋之民，本不足以知性命。中国之儒者，抑不能深研而体验之，而淫于邪说。故闻太虚之名，则以为空无所有而已，明则谓之有，幽则谓之无，岂知错综往来，易之神乎！

未始见易，则虽欲免阴阳昼夜之累，末由也已。

彼欲免累者，怖死而已，故欲无生。阴阳昼夜，本非累也；见为累，安能免乎！

易且不见，又乌能更语真际！

易，感之神也。眞际，性之体也。

舍真际而谈鬼神，妄也。

其言鬼神也，无异于淫巫之陋。

所谓实际，彼徒能语之而已，未始心解也。

正蒙一编，所以发实际之藏也。

易谓「原始反终故知死生之说」者，谓原始而知生，则求其终而知死必矣，此夫子所以直子路之问而不隐也。

始终，非有无之谓也；始者聚之始，日增而生以盛，终者聚之终，数盈则日退而息于幽。非有则无以始，终而无则亦不谓之终矣，所自始者即所自终。故夫子令子路原始以知终，非拒其问之不切而不告也。

体不偏滞，乃可谓无方无体。偏滞于昼夜阴阳者，物也；

滞于有者不知死，滞于无者不知生。流俗异端，皆执物之滞于阴阳昼夜以为有无。

若道，则兼体而无累也。

为主于无声无臭之中而不累于无，流行于人伦庶物之繁而不累于有，能明太虚之有实，乃可知万象之皆神。

以其兼体，故曰「一阴一阳」，

言阴阳之均有也。此以静生阴、动生阳言之。

又曰「阴阳不测」，

静而生阴，非无阳；动而生阳，非无阴。

又曰「一阖一辟」，

阴受阳施而阖，阳施于阴而辟。

又曰「通乎昼夜」。

阖辟阴阳虽迭相为用，而道贯其中，昼夜一也。

语其推行故曰「道」，

在天为推行之理，在人则率之以行。

语其不测故曰「神」，

道为神所著之迹，神乃道之妙也。

语其生生故曰「易」，

不滞于一端而贯通乎终始，故变易而皆以顺乎大经，易所著，其错综化生之象。

其实一物，指事异名尔。

道函神而神成乎道，易于此生焉，则以明夫聚散死生皆在道之中，而非灭尽无余，幻妄又起，别有出离之道也。

大率天之为德，虚而善应，

吉凶无成心，故曰虚。

其应非思虑聪明可求，故谓之神，

理有其定，合则应，或求而不得，或不求而得，人见其不测，不知其有定而谓之神。

老氏况诸谷，以此。

老氏见其自然之应，而以谷之应声比之，亦相似矣。而谷无声之实，天有应之理，则非老氏所知也。

太虚者，气之体。

太虚之为体，气也，气未成象，人见其虚，充周无间者皆气也。

气有阴阳。　敔按：此二句指阴阳合于太和之气。

此动静之先，阴阳之本体也。

屈伸相感之无穷，故神之应也无穷；

气有阴阳二殊，故以异而相感，其感者即其神也。无所不感，故神不息而应无穷。

其散无数，故神之应也无数。

既感而成象，渐以成形，灵蠢、大小、流峙、死生之散殊，虽各肖其所生而各自为体，不可以数计，而神皆行乎其间。无数者，不可纪之辞。性情、形象、色声、臭味，无相肖者，人事之得失、悔吝亦如之。但此阴阳之变化屈伸，无有乖越，而欲分类自言之，则终不可得。邵子以数限之，愚所未详。

虽无穷，其实湛然；

非逐物而应之，虚静而含至理则自应。

虽无数，其实一而已。

无数者，不出阴阳之二端；阴阳之合于太和者，一也。

阴阳之气，散则万殊，人莫知其一也；

有形有象之后，执形执象之异而不知其本一。

合则混然，人不见其殊也。

象未著，形未成，人但见太虚之同于一色，而不知其有阴阳自有无穷之应。

形聚为物，

神在形中。

形溃反原。

形散而气不损。

反原者，其游魂为变与！

游于太虚以听天之变化。

所谓变者，对聚散、存亡为文，

聚而散，散而聚，故时存时亡。

非如萤雀之化，指前后身而为说也。

散而反原，无复有形之蕞然者以拘之。即前身为后身，释氏之陋说也。

益物必诚，如天之生物，日进日息；

息，长也。诚者，如其应得之理而予之，不计功，不谋利，自见为不容已，无所吝而不倦也。诚，故于物无所矫强，而因材之笃不妄，此天之所以神也。至诚之教育而物自化亦如之，惟诚斯感而神。

自益必诚，如川之方至，日增日得。

以实理为学，贞于一而通于万，则学问思辨皆逢其原，非少有得而自恃以止也。自益益人，皆唯尽其诚，而非在闻见作为之间，此存神之所以百顺也。

施之妄，学之不勤，

恃聪明闻见，而不存神以体实理，其教人必抑人从己，其自为学必矜妙悟而不求贯通，怠于精义，必成乎妄也。

欲自益且益人，难矣哉！

异端之教学以之。

易曰：「益长裕而不设。」信夫！

设者，非理所固有，随意所见，立科范以求益于其中也。小有所觉，大有所迷，妄而已矣，惟求速获而倦勤故也。盖诚原不息，息则不诚。张子之言天道、圣学，皆上达之旨，而要归于不妄而勤，所以体自强不息之天德，为下学处心用力之实功，示学者以企及，至深切矣。

将修己，必先厚重以自持；厚重知学，德乃进而不固矣。

妄而不勤者，必轻佻而骄吝，诚之不存，神去之矣。

忠信进德，惟尚友而急贤；欲胜己者亲，无如改过之不吝。

过之成也，成于徇迹而妄动；徇物欲，徇意气，皆妄感之迹也。改过不吝，反而求之于心之安，则贤者乐与之亲而气不妄动，神乃可存，所学皆天德之实矣。静专动直，气正而不息，作圣之功，反求诸身心而已也。敔按：此章释论语「君子不重」章之旨，为下东铭所元本。

戏言出于思也，戏动作于谋也。

言动虽无大咎，而非理所应然，任一时之适者，皆戏也。心无游泆之情，则戏言何自而生；不谋非所当为之事，则戏动何自而成！凝神正气，则二者之失亡矣。敔按：此「思」字犹易「朋从尔思」之思。

发乎声，见乎四支，谓非己心，不明也；欲人无己疑，不能也。

见于身则已动其心，加于人则人见其妄，而谓偶然言动，无关得失乎！苏子瞻之所以淫昵而召祸也。

过言非心也，过动非诚也。

非物理之应得，任闻见之小辨以言动，虽始非不善而终成乎恶，谓之过。非心者，非其初心；非诚者，非心之实得。敔按：心者，自尽之心；诚者，实有之理，忠信是也。

失于声，缪迷其四体，谓己当然，自诬也；欲他人己从，诬人也。

始亦有意于善，而过则终成乎恶矣。不存诚精义以求至当，自恃其初心之近道自诬，则未有能强人者也。王介甫之所以怙过而取之于天下也。

或者以出于心者归咎为己戏，失于思者自诬为己诚；敔按：出于实心者必不戏，失于浮思者必不诚。

谓为戏，无伤于大义；诬为诚，谓可不怍于天人；自命为君子而成乎妄人。

不知戒其出汝者，归咎其不出汝者，长傲且遂非，不知孰甚焉！敔按：戒其出汝者，谓戒其朋从之思；归咎其不出汝者，谓心不自尽，归咎于偶戏。

谓己戏而人何疑之已甚，谓偶有过而人不相谅以信从，则怨天尤人，而不知下学之不立其基也。重则无戏，改则无过，瞬有存，息有养，何暇至于戏！过岂有不知，知岂有复行者乎！合天存神之学，切于身心者如此，下学而作圣之功在矣，尽己而化物之道存矣，故正蒙以此终焉。